CLÁSICOS CLIE

EL CRISTIANO DE RODILLAS

CLÁSICOS CLIE

EL CRISTIANO DE RODILLAS

ANÓNIMO

editorial clie

EDITORIAL CLIE
MCE Horeb, E.R. n° 2.910-SE/A
C/ Ferrocarril, 8
08232 VILADECAVALLS (Barcelona) ESPAÑA
E-mail: libros@clie.es
Internet: http://www.clie.es

EL CRISTIANO DE RODILLAS

CLÁSICOS CLIE

ISBN: 978-84-8267-537-4

Impreso en

Printed in

Clasifíquese:
2200 - ORACIÓN:
Oración Personal
CTC: 05-32-2200-07
Referencia: 224700

ÍNDICE

PREFACIO DEL AUTOR

En cierta ocasión, un viajero occidental que visitaba China, entró en una pagoda un día en el que estaban celebrando una festividad religiosa. Numerosos fieles se acercaban en actitud de adoración al altar sagrado, donde había una extraña imagen. Y le llamó especialmente la atención ver que muchos, llevaban consigo tiras de papel en las cuales había escritas oraciones, bien fuera a mano o impresas, que luego envolvían en bolitas de barro endurecido y lanzaban contra la imagen. Extrañado, preguntó cuál era el significado de aquello. Le explicaron, que si la bola se quedaban pegada a la imagen era señal de que la oración habían sido escuchada, pero si caía al suelo quería decir que la oración había sido rechazada.

Es probable que esta curiosa práctica respecto a la aceptabilidad de una oración, a nosotros, nos haga sonreír. Pero no deja de ser un hecho evidente que la mayoría de cristianos tienen ideas muy imprecisas, cuando adoran y oran al Dios vivo, respecto a cuáles son las condiciones que hacen que su oración prevalezca ante Él. Una cuestión de suma importancia para la vida cristiana, si tenemos en cuenta que la oración es la llave que abre el cofre de todos los tesoros de Dios.

No es exagerado afirmar que todo progreso genuino en la vida espiritual, toda victoria sobre la tentación, toda confianza y paz en ante las dificultades y peligros, todo sosiego del espíritu en épocas de dificultades y pérdidas, toda nuestra comunión cotidiana con Dios, todo ello; depende única y exclusivamente de la práctica de la oración personal en privado.

En consecuencia, este libro no es fruto ni de la casualidad ni de la improvisación; lo escribí porque muchas personas preocupadas por el tema me rogaron que lo hiciera; y debo aclarar al respecto que tan sólo después de haber superado muchas dudas me decidí a tomar la pluma y a permitir posteriormente que la tinta llegara al papel. Ahora, una vez escrito y publicado, lo ofrezco a todos sus posibles lectores con mucha oración, rogando a Aquel que una vez dijo: «Os es necesario orar y no desmayar» «nos enseñe a orar».

1

LA GRAN NECESIDAD DE DIOS

«Y se maravilló Dios». Esta afirmación es realmente sorprendente. Lo atrevido de la idea que expresa es suficiente para dejar atónito a cualquier cristiano, sea hombre, mujer o niño, y forzarle, si es sincero, a reflexionar. ¡Un Dios que se maravilla! ¿Acaso -nos preguntamos sorprendidos- el Dios omnisciente y todopoderoso, es susceptible a sentirse maravillado por algo? Qué extraño suena esto. Sin embargo, cuando descubrimos la razón que hace que Dios se sienta maravillado, al parecer, no nos causa mucha impresión. Olvidando y pasando por alto que, si lo consideramos con cuidado, se trata de algo de la mayor importancia para todo creyente en el Señor Jesús. En realidad, no hay otra cosa que sea de tan vital importancia ni de tanta trascendencia, para nuestro bienestar espiritual.

El texto que citábamos al principio hace referencia a la ocasión en que Dios «se maravilló de que no hubiera quien intercediese» (Isaías 59:16) o que «se interpusiese», es decir, que «se colocara en la brecha» como dicen otras traducciones. Pero esto, -dirán algunos- es algo que sucedió en los días de la Antigüedad, antes de la venida de nuestro señor Jesucristo «lleno de gracia y de verdad»; antes del derramamiento del Espíritu Santo, lleno de poder, para «ayudar a nuestras flaquezas», y siempre dispuesto a «interceder él mismo por nosotros» (Romanos 8:26). Cierto, y más aún, este «maravillarse» de Dios tuvo lugar antes de las asombrosas promesas de nuestro Señor respecto a la oración y de que los hombres conocieran su poder, en los días en que los sacrificios por sus pecados eran mucho más importantes en sus ojos que la súplica por los pecadores.

Por tanto, ¿cuánto más maravillado no debe sentirse Dios de que hoy siga ocurriendo lo mismo? Porque, ¡cuán pocos son los que saben qué es realmente la oración que prevalece! ¿Cuántos de los que decimos que creemos en la oración, creemos realmente en el poder de la oración?

Antes de dar un paso más adelante, como autor, quiero suplicar al lector de este libro que no lo lea apresuradamente, del principio al fin.

No, esa no es la manera de leer y sacar provecho de este libro. Que saque o no provecho depende mucho, muchísimo, de la aplicación que haga de su contenido a través de la oración.

¿Por qué los cristianos nos consideramos derrotados con tanta frecuencia? La respuesta es: porque oramos muy poco. ¿Por qué los miembros de las iglesias que somos activos nos hallamos con tanta frecuencia desalentados y alicaídos? Porque oramos muy poco.

¿Por qué son tan pocas las personas que pasan «de las tinieblas a la luz» a través de nuestro ministerio? Porque oramos tan poco.

¿Por qué nuestras iglesias no «están ardiendo» de celo por el Señor? Porque las ocasiones en las que oramos con total sinceridad son muy pocas.

El Señor Jesús tiene el mismo poder hoy que ayer, que por los siglos. El Señor Jesús está deseoso de que los hombres sean salvos, hoy y siempre. Su brazo no se ha detenido ni se ha acortado a la hora de salvar a los pecadores; pero no puede alargar este brazo a menos que nosotros oremos más, y oremos más sinceramente.

De esto podemos estar seguros: la causa de todos nuestros fracasos está en el fallo en la oración privada.

Si Dios «se maravillaba» en los días de Isaías, no tenemos de qué sorprendernos de que en los días en que nuestro Señor estaba sobre la tierra, se «maravillara» también de la incredulidad de algunos, la cual le impedía hacer prodigios y milagros en sus ciudades (Marcos 6:6).

Pero hemos de recordar que aquellos que eran culpables de esta incredulidad no veían belleza en Él para que le desearan y creyeran en Él, como dice Isaías. ¡Cuánto más, pues, debe «maravillarse» hoy, cuando ve entre nosotros, que de veras decimos que le amamos y le adoramos, tan pocos que «invoquen su nombre, que se despierten para apoyarse en Dios» (Isaías 64:7). Sin duda, la existencia de un cristiano que prácticamente no ore es algo asombroso. Estamos viviendo una época de extraños sucesos y presagios ominosos. De hecho, hay muchas evidencias de que se trata de «los últimos tiempos», aquellos en que Dios prometió derramar su Espíritu -el Espíritu suplica- sobre toda carne (Joel 2:28). Con todo, la inmensa mayoría de cristianos apenas tienen idea de lo que «suplicar» significa. Además muchas de nuestras iglesias no sólo no celebran reuniones de oración, sino que, sin tan siquiera sonrojarse, consideran que no hay necesidad de tales reuniones e incluso menosprecian o cuanto menos marginan al que desea celebradas.

La Iglesia Anglicana reconoce la importancia del culto de oración, y espera que sus ministros, lean, cuanto menos, las oraciones y plegarias de la Iglesia establecidas para cada mañana y cada noche.

Pero, cuando esto se hace, ¿no está con frecuencia vacías las iglesias? y ¿no sucede, acaso, que tales plegarias y oraciones son leídas de forma monótona a una velocidad que impide la verdadera adoración? La Iglesia Anglicana tiene, en teoría, una expresión muy bonita para calificarlas: *Common Prayer*, es decir, oración comunitaria u oración común. Pero por desgracia y con demasiada frecuencia, esta bonita expresión, «oración común» se entiende no como oración en la que deben participar todos, sino que adquiere otro significado: oración monótona e imprecisa de la que huyen todos.

¿Pero aun en aquellas iglesias en que las que se celebra un culto de oración semanal, que algunos consideran ya pasadas de moda no acertaríamos al decir también que esos cultos son «débiles»? Recordemos que C. H. Spurgeon tenía el gozo de poder decir que cada lunes por la noche dirigía una reunión de oración «a la que asistían entre mil y mil doscientas personas de un modo regular».

Hermanos, ¿hemos dejado de creer en la oración? Sinceramente, si su iglesia es aún de las que se reúnen semanalmente para la oración, ¿no es un hecho acaso que la gran mayoría de los miembros nunca asisten a esa reunión? Lo es, y aún hay más, la inmensa mayoría no tiene la más mínima intención de hacerlo en el futuro. ¿Por qué? ¿Quién tiene la culpa de eso?

«¡Sólo es una reunión de oración!», hemos oído exclamar muchas veces. ¿Cuántos de los que leen ahora estas líneas han asistido y disfrutado alguna vez en una reunión de oración? ¿Se trataba de gozo genuino o simplemente del cumplimiento de un deber? Por favor, que se me perdone por hacer tantas preguntas y por señalar lo que me parece a mí son debilidades peligrosas y una deficiencia lamentable en nuestras iglesias. No estoy tratando de criticar, ni mucho menos de condenar. Esto lo puede hacer todo el mundo. Mi anhelo es tan solo despertar en los cristianos el «deseo de apoyarse en Dios», como nunca antes. Lo que deseo es animar, estimular, elevar.

Nunca somos tan altos ni alcanzamos mayor talla que cuando estamos de rodillas. ¿Criticar? Quién puede atreverse a criticar a otro. Cuando miramos en nuestro propio pasado y vemos cuántos períodos de nuestra propia vida han transcurrido sin oración, toda posible palabra de crítica se nos desvanece en la boca antes de llegar a los labios.

No obstante, escribimos estas líneas porque creemos firmemente que ha llegado la hora de dar un toque de atención a los creyentes en particular y a la Iglesia en general, llamándolos... a la oración.

Ahora bien ¿tiene lógica hablar de llamar a la Iglesia y a los creyentes a la ración? Más bien parece una afirmación insensata, porque, ¿no es la oración una parte integrante de todas las religiones? Creo que debo pedir a los lectores que consideren este asunto con imparcialidad y sinceridad y sobre esta base nos hagamos unas preguntas. ¿Creemos realmente en el poder de la oración? ¿Estamos convencidos, verdaderamente de que la oración consiste en «hacer mover la mano que hace mover al mundo»? ¿Nos afectan de veras los mandamientos sobre la oración dados por Dios? ¿Son válidas todavía las promesas de Dios respecto a la oración?

Sin duda, mientras leíamos esas preguntas todos hemos ido musitando: ¡Sí, sí, sí, por supuesto! Ninguno nos atreveríamos a responder que no a una sola de ellas, y sin embargo...

¿Se le ha ocurrido pensar que Dios no dio nunca ninguna orden innecesaria o una cuyo cumplimiento quedara bajo nuestra opción? ¿Creemos realmente que Dios no hizo nunca una promesa que no pudiera o no estuviera dispuesto a cumplir? Si así lo creemos, debemos recordar que Nuestro Señor dio tres grandes órdenes de acción específica:

Orad...

Id...

Haced...

¿Las obedecemos? ¡Cuántas veces su orden de «Haced» es repetida por los predicadores de hoy en día!, hasta el punto que a veces parece como si esa hubiera sido la única orden que dio. Pues, ¡cuán pocas veces se nos recuerdan en cambio las de «Orad» e «Id»!. Y sin embargo, sin obediencia al «Orad» no sirve de mucho ni el «Haced» ni el «Id».

No hay que esforzarse mucho para demostrar que toda falta de éxito, o dicho de otro modo, todo fracaso en la vida espiritual y en la obra cristiana, es debido a la falta de oración, bien se trate de la calidad o de la cantidad. A menos que oremos con rectitud no podemos vivir o servir bien. Esto, a primera vista, puede parecer una exageración, pero, cuanto más pensamos en ello, a la luz de las Escrituras, más nos convencemos que se trata de una afirmación correcta.

Ahora bien, en la medida en que empecemos a ver y entender mejor lo que la Biblia dice sobre este tema tan maravilloso y lleno de misterio, nos esforzaremos más por leer algunas de las promesas del Señor, como si nunca las hubiéramos leído antes. ¿Cuál será el resultado?

Hace unos veinte años, el que escribe estas líneas estaba estudiando en un Seminario Teológico. Una mañana, temprano, un compañero de estudios -que hoy es uno de los misioneros más destacados de Inglaterra-, irrumpió en mi habitación llevando en alto una Biblia en la mano. Debo aclarar que aunque se preparaba para el ministerio, en aquel entonces no era más que un recién convertido a Cristo. Había ido a la universidad diciendo que «las cosas de la religión no le importaban en absoluto». Era muy popular, listo, le gustaban los deportes, se había destacado entre sus compañeros de curso, hasta que un día Cristo le llamó. Aceptó a Jesús como su Salvador personal, y se hizo un fiel seguidor del Maestro y decidió prepararse para el ministerio. De modo que la Biblia, para él, era un libro comparativamente nuevo y al leerla siempre hacía nuevos «descubrimientos». En aquel día memorable, en que invadió la calma de mi habitación, entró gritando excitado, con la cara radiante de gozo y asombro: «¿crees esto? ¿Es realmente verdad?». «¿Qué es lo que debo creer?», le pregunté, con no poca sorpresa dando una mirada a la Biblia que tenía abierta. «Pues, esto...», me dijo, y leyó con emoción en San Mateo 21:22,22: «Si tenéis fe y no dudáis, no sólo haréis estas cosas... sino que todo lo que pidáis en oración, creyendo, lo recibiréis». ¿Crees esto? ¿Es verdad? «Sí», le contesté con mucha sorpresa por su entusiasmo, «naturalmente que es verdad; por lo menos yo así lo creo».

¡Pero, por mi mente cruzaron toda clase de ideas! «Bueno», dijo él. «Esto es una promesa magnífica. Me parece a mí que no tiene límites. Entonces... ¿por qué no oramos más?» y se marchó, dejándome sumido en pensamientos profundos. Nunca había considerado estos versículos de esta manera. Cerrada la puerta, cuando el ávido seguidor del Maestro ya se había ido, tuve una visión de mi Salvador y de su amor y poder como no la había tenido antes. Tuve una visión de una vida de oración -sí-, y poder ilimitado, que vi que dependían sólo de dos cosas: de la fe y la oración. En aquel momento estaba emocionado. Caí de rodillas e incliné la cabeza ante mi Señor. ¡Qué de pensamientos surgieron en mi mente!, ¡qué de esperanzas y aspiraciones inundaron mi alma! Dios me estaba hablando de una manera extraordinaria. Era un gran llamamiento a la oración. Pero -me avergüenzo de decirlo- no hice ningún caso a la llamada.

¿En qué fallé? Es verdad que oré un poco más que antes, pero no pareció que sucediera nada extraordinario, ni tan siquiera nada nuevo. ¿Por qué? ¿Fue porque no me di cuenta de las elevadas exigencias que el Salvador hace a todos aquellos que oran de un modo triunfante en su vida interior?

¿Fue porque fracasé en estar en mi vida a la altura del modelo del «amor perfecto» que se describe de un modo tan hermoso en el capítulo trece de la primera Epístola a los Corintios?

Porque, después de todo, la oración no consiste simplemente en adoptar y poner en acción una resolución «a orar» más. Como David, tenemos que clamar: «Crea en mí, oh Dios, un corazón limpio» (Salmo 51), antes de que podamos empezar a orar bien y las inspiradas palabras del Apóstol del amor deben ser tenidas en cuenta hoy como antes: «Amados, si nuestro corazón no nos reprocha algo, tenemos confianza ante Dios; y lo que le pedimos lo recibimos de él» (1ª Juan, 3:21,22).

«Esto es verdadero, lo creo.» Sí, ciertamente, es una promesa ilimitada, y, sin embargo, ¡cuán poco la ponemos en práctica! ¡Cuán poco la reclamamos de Cristo! Y eso hace que nuestro Señor se «maraville» de nuestra incredulidad. Si por arte de magia pudiéramos hacer desaparecer todos nuestros prejuicios y leer los Evangelios por primera vez, ¡qué asombrosos los encontraríamos! ¿No nos «maravillaríamos»? Así que hoy, paso este importante llamamiento al lector: ¿quieres escucharlo y ponerlo en práctica? ¿Quieres sacar provecho de él? ¿O piensas hacer oídos sordos y quedarte sin alterar tu concepto y perspectiva de la oración?

¡Hermanos, despertemos! El diablo nos ha puesto una venda sobre los ojos. Se está esforzando ahora mismo para que no tomemos en serio esta cuestión de la oración. Estas páginas presentes han sido escritas porque se me hizo una petición especial. Pero, hace ya muchos meses de esta petición. Todos los esfuerzos que he hecho para empezar a escribir se han visto frustrados hasta ahora, e incluso ahora mismo soy consciente de experimentar una extraña reticencia y dificultad para hacerlo. Siento como si un poder misterioso me retuviera la mano. ¿Te das cuenta, lector, de que no hay nada que el diablo tema tanto como la oración? Lo que quiere es impedirnos que oremos. No le importa vernos agobiados «hasta la coronilla» trabajando en la obra, siempre y cuando no oremos. No tiene ningún temor incluso cuando nos ve estudiando la Biblia con diligencia (siempre y cuando dejemos de orar al hacerlo). Alguien ha dicho con sabiduría: «Satán se ríe de nuestros esfuerzos, se burla de nuestra prudencia, pero tiembla cuando oramos». Esto no es nuevo, sin duda, lector, que te resulta familiar..., pero, ¿oras de verdad? Si no, ten por bien seguro que el fracaso te está rondando, por más obvio y sonado que sea el éxito que estés experimentando de momento.

No olvidemos nunca que la mayor cosa que podemos hacer por Dios es orar. Porque podemos realizar mucho más con nuestras oraciones que con nuestras manos. La oración es omnipotente; ¡puede hacer nada menos que todo lo que puede hacer Dios! Cuando nosotros oramos, Él obra. Todo rendimiento en el servicio cristiano es el resultado de la oración, de las oraciones del que obra o de aquellos que oran en favor suyo. Todos creemos que sabemos orar, pero, quizá la mayoría deberíamos clamar, como los discípulos hicieron un día: «Señor, enséñanos a orar».

¡Señor, por quien a Dios nos allegamos
eres la Vida, la Verdad y el Camino!
Enséñanos la vía que incluso Tú anduviste
¡Enséñanos a orar!

2

PROMESAS CASI INCREÍBLES

«Cuando al fin con Cristo, allá en gloria,
contemplemos, pasada, nuestra historia»

En el cielo, lo que consideraremos el mayor error de nuestra pasada vida terrenal, será la gran falta de oración en ella. Será algo que nos va a costar mucho de entender, vamos a quedar atónitos y petrificados al ver el poco tiempo que pasamos en la oración. Entonces seremos nosotros los que nos «maravillaremos».

En su último mensaje, antes de pronunciar la más conmovedora de todas las oraciones, empuñando ya virtualmente en su mano el cetro de oro de su majestad gloriosa, el Señor les dijo a sus amados: «¿Qué es lo que deseáis? ¡Os será concedido, incluso mi reino entero!». ¿Creemos en sus palabras? Debemos creerlas si decimos creer en la Biblia. ¿Por qué no leemos otra vez con calma ese pasaje y meditamos un poco sobre una de las promesas del Señor, que repitió varias veces? Si fuera la primera vez que lo leemos, abriríamos los ojos asombrados, porque tales promesas parecen increíbles. Pero, es el Señor del cielo y de la tierra el que las hace; y las hace en el momento más solemne de su vida. En la víspera de su pasión y muerte. Se trata de un mensaje de despedida. Leámoslo una vez más:

«De cierto, de cierto os digo: el que cree en mí, las obras que yo hago, también él las hará; y aun hará mayores que éstas, porque yo voy al Padre. Y cualquier cosa que pidáis al Padre en mi nombre, la haré, para que el Padre sea glorificado en el Hijo. Si me pedís algo en mi nombre, yo lo haré» (Juan 14:12-14). ¿Se puede decir algo de un modo más claro y simple? ¿Puede concebirse una promesa mayor? ¿Ha ofrecido alguien, en cualquier época de la historia, algo semejante?

¡Qué asombrados debieron quedarse los discípulos! Sin duda que no podrían dar crédito a lo que estaban oyendo. Pero, esta promesa es válida también para ti y para mí.

Y para que no hubiera ninguna equivocación por su parte -o por la nuestra- el Señor la repite de nuevo unos momentos después. Y además, el Espíritu Santo manda al apóstol Juan que registre estas palabras otra vez: «Si permanecéis en mí, y mis palabras permanecen en vosotros, pedid todo lo que queráis, y os será hecho. En esto es glorificado mi Padre, en que llevéis mucho fruto, y seáis, así, mis discípulos» (Juan 5:7,8).

Tanta es la importancia y tal la trascendencia de esas palabras, que el Salvador del mundo no se conforma con pronunciarlas incluso tres veces. Requiere, además, a sus discípulos que obedezcan su orden de «pedir». Y con tal propósito, les dice que una señal de que son sus «amigos» será la obediencia a sus órdenes en todas las cosas (v. 14). Después, repite de nuevo sus deseos: «No me elegisteis vosotros a mí, sino que yo os elegí a vosotros, y os he puesto para que vayáis y llevéis fruto, y vuestro fruto permanezca, para que todo lo que pidáis al Padre en mi nombre, os lo dé» (Juan 16:15).

Se podría pensar que con ello nuestro Señor deja ya suficientemente claro que quiere que sus discípulos oren; que necesita sus oraciones, y que sin oración, poco podrán hacer. Pero para nuestra sorpresa, vuelve de nuevo al mismo tema, repitiendo más o menos las mismas palabras.

«...De cierto, de cierto os digo, que todo cuanto pidáis al Padre en mi nombre, os lo dará. Hasta ahora, nada habéis pedido en mi nombre; pedid, y recibiréis, para que vuestro gozo esté completo» (Juan 16:23,24).

Nunca había puesto el Señor tanto énfasis en una promesa o una orden, ¡nunca! Esta maravillosa promesa se repite una y otra vez hasta siete veces, en un corto espacio, en el Evangelio; y nos manda que le pidamos lo que queramos. Se trata de la mayor y más maravillosa promesa hecha jamás al ser humano. Y a pesar de ello, muchos hombres y mujeres -supuestamente cristianos- no le prestan prácticamente ninguna atención. ¿No es verdad?

La extraordinaria grandeza de la promesa nos abruma. Además sabemos que Él «es poderoso para hacer todas las cosas mucho más abundantemente de lo que le pedimos o pensamos» (Efesios, 3:20).

Vemos pues que nuestro bendito Salvador, antes de ser prendido, atado y azotado, antes de que caiga el silencio sobre sus labios de gracia en la cruz, da a los suyos una exhortación final: «En aquel día pediréis en mi nombre... porque el mismo Padre os ama» (Juan 16:26,27). La Iglesia cristiana ha invertido mucho tiempo, y con frecuencia, reflexionando sobre las siete últimas palabras de Jesús desde la cruz, y ha hecho bien. Pero, a nivel personal, ¿hemos pasado alguna vez tan sólo una hora meditando sobre esta invitación del Salvador a orar, que se repite precisamente nada menos que siete veces?

Hoy, Jesús, está sentado en su trono de Majestad en lo alto, y tiene en su mano el cetro de poder. ¿Nos acercaremos para tocarlo y decirle cuáles son nuestros deseos? Él nos manda que lo hagamos, que nos aprovechemos de sus tesoros. Desea concedernos «según las riquezas de su gloria», para que «seamos reforzados con poder por medio del Espíritu Santo en nuestro hombre interior». Nos dice que nuestra fuerza y nuestra utilidad dependen de nuestras oraciones. Nos recuerda que nuestro mismo gozo depende de la oración contestada (Juan 24,24).

Y a pesar de ello, le permitimos al diablo que nos convenza que descuidemos la oración. El diablo nos hace creer que podemos hacer más por nuestros propios esfuerzos que con la oración -más por medio de nuestra relación con los hombres, que con nuestra intercesión ante Dios-. Es difícil comprender que hagamos tan poco caso de la invitación del Señor repetida siete veces. Sí, ¡invitación, mandato, promesa, como se quiera! ¿Cómo nos atrevemos a trabajar para Cristo sin pasar mucho más tiempo de rodillas del que pasamos? Recientemente una mujer, «obrero» cristiano -una miembro de mi iglesia, maestra de Escuela Dominical-, me dijo: «¡No he tenido ninguna respuesta a la oración en toda mi vida!». Pero, ¿por qué? ¿Acaso Dios miente? ¿No es Dios digno de confianza? ¿No cuentan sus promesas para nada? ¿No quiere Dios decir realmente aquello que dice? Y, sin embargo, me atrevo a afirmar que muchos que están leyendo ahora mismo estas palabras en sus corazones están diciendo lo mismo que esta señora cristiana. Payson tiene razón -o dicho de otro modo, está de acuerdo con las Escrituras- cuando afirma: «Si queremos hacer mucho para Dios, tenemos que pedirle mucho: hemos de ser hombres y mujeres de oración». Si nuestras oraciones no son contestadas -es decir concedidas, porque contestadas lo son siempre- la causa recae enteramente en nosotros, no en Dios. Dios se deleita en contestar la oración; y Él nos ha dado su palabra de que le contestará.

¡Obreros colaboradores en su viña!, es más que evidente que nuestro Maestro desea que pidamos, y que pidamos mucho. Él nos dice que cuando pedimos le glorificamos. No hay nada que esté fuera o más allá del alcance de la oración, ya que éste es el alcance de su voluntad; y nosotros no deseamos hacer nada que no esté dentro de su voluntad.

Jamás nos atreveríamos a decir que las palabras del Señor no son verdaderas. Y sin embargo, de una manera u otra, muchos cristianos actúan como si así fuera. ¿Qué es lo que nos retiene? ¿Qué es lo que sella nuestros labios? ¿Qué nos priva de orar mucho? ¿Dudamos de su amor? ¡Nunca! Él dio su vida por nosotros y para nosotros. ¿Dudamos del amor del Padre? No. «El mismo Padre os ama», dice Cristo alentando a los discípulos a orar.

¿Dudamos de su poder? Ni por un solo instante. ¿No ha dicho: «Toda potestad me es dada en el cielo y en la tierra. Por tanto, id... y he aquí estoy con vosotros todos los días, hasta el fin del mundo»? (Mateo 28:18-20). ¿Dudamos de su sabiduría? ¿Dudamos de que nos haya elegido. De ningún modo. Y sin embargo son pocos entre sus seguidores los que consideran que la oración valga la pena. Naturalmente, lo negarían, si alguien les acusara de ello, pero sus acciones hablan más claro que las palabras. ¿Tenemos miedo de poner a Dios a prueba? Él ha dicho que podemos hacerlo. «Traed todos los diezmos al alfolí... y probadme ahora en esto, dice Jehová de los Ejércitos, si no os abriré las ventanas de los cielos, y derramaré sobre vosotros bendición hasta que sobreabunde» (Malaquías 3:10). Siempre que Dios hace una promesa, digamos de modo atrevido, como San Pablo: «Yo confío en Dios» (Hechos 27:25) y no dudemos que cumplirá su palabra.

¿Estamos dispuestos a comenzar hoy mismo a ser hombres y mujeres de oración, si no lo hemos sido antes? No lo aplacemos hasta un momento más propicio. El Salvador quiere que oremos ya. Necesita nuestras oraciones. Tanto que, en realidad, todo depende de la oración. ¿Cómo nos atrevemos a retraernos? Cada uno de nosotros debe preguntarse a sí mismo, de rodillas: «Si nadie en la tierra pide por la salvación de los pecadores con más fervor y con más frecuencia que yo, ¿cuántos se convertirán a Dios por medio de la oración?»

¿Pasamos diez minutos cada día en oración? ¿Creemos que es bastante con este rato?

¿Diez minutos al día en oración? ¿Es ésta toda la importancia que concedemos al Reino de los Cielos?

¡Diez minutos al día en oración, cuando podemos conseguir el Reino de los Cielos entero con sólo pedirlo!

Diez minutos de nuestro tiempo es del todo insuficiente para pretender «apoyarnos en Dios» (Isaías 64:7).

Y cuándo hacemos o «decimos» nuestras oraciones, ¿somos sinceros, ponemos en ello todos nuestros sentidos o simplemente repetimos de forma mecánica, día tras día, unas pocas frases aprendidas mientras dejamos que nuestros pensamientos vuelen de un lado a otro?

Si Dios decidiera contestar las «palabras» que hemos repetido esta mañana de rodillas, ¿recordaríamos nosotros cuáles eran exactamente? ¿Reconoceríamos la respuesta? ¿Recordamos en realidad lo que dijimos? Él contesta. Nos ha dado su palabra de hacerlo. Él siempre contesta toda plegaria hecha con fe verdadera. Sin embargo, respecto a lo que la Biblia tiene que decir sobre esto hablaremos en otro capítulo más adelante. Por ahora nos limitaremos a concentrarnos en el factor tiempo que pasamos orando.

Se cuenta que a una señora cristiana le preguntaron en cierta ocasión: «¿Con qué frecuencia ora usted?». «Tres veces al día» contestó sin pensarlo; aunque rápidamente, al darse cuenta del «lapsus» añadió: «Y además, sin cesar.» Pero, ¿cuántos hay que oren así? Debemos preguntarnos, cada uno: ¿Es la oración para mí un deber, o la entiendo más bien como un privilegio, un placer, un gozo, una necesidad?

Tengamos una visión renovada, mucho más clara, de Cristo y de su gloria; demos una nueva mirada a todas las «riquezas de su gloria» que Él coloca a nuestra disposición, y todo el inmenso poder que se halla bajo su mandato. Después, procuremos hacernos una nueva idea del mundo y de sus necesidades (y el mundo nunca ha estado en mayor necesidad que en el momento presente).

Porque lo extraordinario no es que oremos tan poco, sino más bien que cuando estamos de rodillas seamos capaces de levantarnos, si de veras somos conscientes de nuestra necesidad; de las necesidades de nuestro hogar y los que amamos; las necesidades de nuestro pastor y la iglesia; las necesidades de nuestro país; del mundo entero. Y todas estas necesidades podemos satisfacerlas con las riquezas de Dios en Cristo Jesús. San Pablo no tenía duda sobre esto, ni nosotros tampoco deberíamos tenerla. ¡Sí! «y mi Dios proveerá a todas vuestras necesidades conforme a sus riquezas en gloria en Cristo Jesús» (Filipenses 4:19). Pero, para participar de sus riquezas tenemos que orar, porque «uno mismo es el Señor de todos, que es rico para con todos los que le invocan» (Romanos 10:12).

Tan grande es la importancia de la oración, que Dios ha rebatido con anticipación todas las excusas y objeciones que nosotros podamos presentar.

Algunos se excusan en su debilidad o flaqueza, o dicen que no saben cómo orar.

Dios anticipó esta incapacidad hace muchos años. Pues fue Él quién inspiró a San Pablo a escribir: «y de igual manera, también el Espíritu nos ayuda en nuestra debilidad; pues qué hemos de pedir como conviene, no lo sabemos, pero el Espíritu mismo intercede por nosotros con gemidos indecibles. Y el que escudriña los corazones sabe cuál es la mentalidad del Espíritu, porque conforme a la voluntad de Dios intercede por nosotros». (Romanos 8:26,27.)

¡Sí! Hay provisión hecha para nosotros. Pero sólo el Espíritu puede «estimularnos» a «apoyarnos en Dios». Y si nosotros simplemente nos entregamos a los estímulos del Espíritu, seguiremos sin duda el ejemplo de los apóstoles que «se dedicaban asiduamente a la oración» (Hechos 6:4).

Podemos estar absolutamente seguros de que la influencia de un hombre en el mundo no se mide por su elocuencia, por su celo, su ortodoxia, su energía, sino por sus oraciones. Y aún me atrevo a decir más, afirmando que nadie puede vivir rectamente si no ora bien.

Podemos trabajar por Cristo desde la mañana a la noche; podemos pasar mucho tiempo estudiando la Palabra de Dios; podemos ser fieles y «aceptos» en nuestra predicación y en nuestro trato con los demás; pero ninguna de estas cosas será verdaderamente efectiva a menos que pasemos mucho tiempo en oración. Con todo lo descrito, estaremos llenos de buenas obras, pero no «llevando fruto en toda buena obra» (Colosenses 1:10). Pasar poco tiempo con Dios en oración es hacer poco en el servicio de Dios. Pasar mucho tiempo privadamente con Dios en oración implica, por contra tener mucho poder público. Y a pesar de ello, ¿no es un hecho reconocido que mientras por un lado nuestra organización es casi perfecta, nuestro agonizar en la oración es casi inexistente?

Muchos se preguntan por qué no llegan o se demoran los avivamientos. Sólo hay una respuesta y ésta es la falta de oración. Los avivamientos siempre han sido el resultado de la oración. Uno a veces desearía oír la voz de un arcángel, ¿pero de qué nos serviría esto si la voz de Cristo mismo no alcanza para estimularnos a orar? Y mientras escribo estas líneas, pienso que es paradójico, casi una impertinencia, que un hombre mortal tenga que clamar porque se ore, cuando nuestro Salvador ha ofrecido en ello sus promesas «ilimitadas». Y sin embargo, es un tema en el cada vez estoy más convencido que se debe hacer algo, y creo que es el Espíritu Santo el que empuja a algunos a que recuerden y recuerden a otros las palabras y el poder de Cristo.

Soy consciente de que ninguna palabra mía podría causar a nadie el impacto necesario y suficiente respecto al valor de la oración, la necesidad de la oración y su omnipotencia.

Pero lo que digo, no lo digo yo, lo digo en palabras empapadas de oración, para que Dios Espíritu Santo mismo redarguya a los cristianos del pecado de la falta de oración y los ponga de rodillas, para que clamen a Dios, día y noche, en oración de intercesión ardiente, que prevalezca. El Señor Jesús, ahora en el cielo, nos hace señas desde allí para que nos pongamos de rodillas y reclamemos las riquezas de su gracia.

Nadie le puede decir a otro cuánto tiempo tiene que dedicar a la oración, ni sugerir que deba hacer promesas de pasar tantos minutos u horas cada día orando. Naturalmente, la Biblia nos manda «Orad sin cesar». Y con ello, es evidente aquí que se refiere a una «actitud de oración», una actitud en la vida.

Pero aquí no nos referimos a esto, sino que estamos hablando más bien de períodos definidos de oración. ¿Has contado alguna vez el tiempo que pasas orando? Creo que la mayoría de los lectores tendrían una buena sorpresa si lo hicieran.

Hace algún tiempo, yo mismo decidí hacer algo sobre el tema de la oración. Consideré que lo mínimo que tenía que pasar en oración era una hora diaria. Fui anotando cuidadosamente, día tras día, en un registro, mi vida de oración. Al pasar el tiempo, un día me encontré con un obrero que era muy usado por Dios.

Cuando le pregunté a qué atribuía el éxito en su obra, contestó: «No podría pasar sin dedicar un mínimo de dos horas al día en oración privada».

Poco después encontré a un misionero que llegaba del campo de misión, un hombre lleno del Espíritu Santo, que habló con gran humildad de las cosas maravillosas que Dios había hecho por medio de su ministerio. (Era evidente que el tal misionero estaba dando a Dios todo el honor y la gloria de sus acciones). Me dijo: «Necesito pasar cuatro horas en oración diarias».

Y recordemos que el Mayor de todos los misioneros, acostumbraba a pasar noches enteras orando. ¿Por qué? Nuestro bendito Señor no oraba simplemente para darnos ejemplo. Oraba porque necesitaba orar. Siendo un Hombre perfecto, la oración le era necesaria. ¿Cuánto más necesaria nos es a ti lector y a mí?

«¿Cuatro horas al día en oración?», exclamó un hombre que estaba dedicando su vida a la obra de Dios como médico misionero. «¿Cuatro horas? ¡Con diez minutos me basta!». Esta es una confesión atrevida, aunque triste. Y sin embargo, ¡si al menos la mayoría de nosotros fuéramos así de sinceros...!

Ahora bien, no fue casual que estos hombres se cruzaran en mi camino. Dios me estaba hablando por medio de ellos. Era otra «llamada a la oración» del «Dios de paciencia» que es también el «Dios de consolación» (Romanos 15:8). Y cuando su mensaje estaba impactando mi alma, llegó a mis manos «por casualidad», como suele decirse, un libro que narraba la historia de John Hyde,[1] conocido

---

[1] John Hyde, (1865-1912), fue hijo de un pastor de Illinois, USA. Fue un estudiante brillante y al terminar sus estudios entró a formar parte del claustro de la Universidad. Pero las oraciones de su padre, que deseaba que se dedicara al ministerio cristiano, surtieron efecto y finalmente ingresó en el Seminario. Marchó como misionero a la India y los nativos solían llamarle «el hombre que nunca duerme» pues oraba cada día hasta altas horas de la noche. Esta misma actitud y la respuesta eficaz a sus oraciones le valió entre sus colegas el apodo de «Praying Hyde» (Hyde el que ora).

como «el Apóstol de la Oración» o también «Hyde el que ora». De la misma manera que Dios envió a Juan el Bautista para preparar el camino de nuestro Señor en su primera venida, también envió, en estos últimos tiempos a «Hyde el que ora», para enderezar caminos de la obra misionera en India. «Hyde el que ora» -¡qué apodo tan maravilloso!-. Cuando uno lee sobre la vida de oración de este hombre, no puede dejar de preguntarse: «¿Lo que yo he orado en mi vida ha sido realmente oración comparado con lo que hacía este hombre?».

Sé de muchos que se han hecho esa misma pregunta. Una señora, bien conocida por su fructífero ministerio de intercesión, me escribió en cierta ocasión diciendo: «¡Cuando acabé de leer ese libro, comencé a preguntarme si había orado alguna vez en mi vida!».

Pero, dejemos por ahora este tema y volvamos a lo que decíamos antes. ¿Estamos dispuestos a ponernos de rodillas ante Dios y permitir a su Espíritu que nos escudriñe de pies a cabeza? ¿Somos sinceros? ¿Creemos realmente en sus promesas? Si es así, ¿no nos guiará el Espíritu Santo a pasar más tiempo de rodillas ante Dios? No hagamos promesas de orar «tanto» al día. Hagamos la resolución de orar mucho, pues la oración, para tener valor, debe ser espontánea, no forzada.

Pero, al hacerlo, debemos tener en cuenta que la mera decisión de pasar más tiempo en oración, y de vencer nuestra resistencia a orar, no será efectiva a menos que exista de nuestra parte una entrega sincera y absoluta al Señor Jesucristo. Si no hemos dado ya este paso, debemos darlo ahora, si es que deseamos convertirnos en hombres y mujeres de oración.

Estoy plenamente convencido de esto: que Dios quiere que oremos; y que quiere que usted, lector ore. La cuestión es: ¿Estamos dispuestos? ¿Queremos nosotros orar? Basta con que digamos:

Salvador misericordioso, vierte sobre mí la plenitud del Espíritu Santo, para hacerme un cristiano de rodillas.

> *Presentemos ante Dios*
> *nuestras necesidades*
> *a través de la oración.*
> *Oremos con tesón,*
> *y sin desmayar nunca.*
> *Oremos sin cesar.*

3

«PEDID Y SE OS DARÁ»

Dios quiere que oremos, que pasemos mucho tiempo orando, porque el éxito de nuestra vida espiritual depende de nuestra oración.

Un predicador que ora poco puede que vea algunos resultados de sus esfuerzos, pero, tengamos por seguro que si obtiene resultados es debido a que alguien ora por él. El fruto viene de la oración, no del predicador. ¡Menuda sorpresa tendrán algunos predicadores cuando el Señor reparta «la recompensa conforme a sus obras»!. «¡Señor! ¡Éstos son mis convertidos! Fui yo quien dirigía la misión que llevó a todos éstos a tu redil. Yo hice la predicación, la invitación, la persuasión...». Pero, dirá el Señor ¿fuiste tú quién «hizo» también la oración?

Cada convertido es el resultado de la obra del Espíritu Santo en respuesta a la oración de algún creyente.

¡Quiera Dios que no tengamos esta desagradable sorpresa! Por ello, debemos exclamar constantemente: ¡Señor, enséñanos a orar!

En el capítulo anterior hemos visto como Dios ruega a sus hijos que oren. Ahora, debemos preguntarnos: ¿Cómo respondemos nosotros a ese ruego? ¿Podemos decir como San Pablo: «No fui rebelde a la visión celestial»? Quiero dejar claro, una vez más, aunque me repita sobre lo dicho, que si algo vamos a lamentar en el cielo será, sin duda, el que hayamos pasado tan poco tiempo en oración y en intercesión verdadera cuando estábamos aquí en la tierra.

Reflexionemos por un momento sobre la amplitud de la afirmación: «Pídeme y te daré por herencia las naciones, y como posesión tuya los confines de la tierra» (Salmo 2:8). Pues a pesar de ello, hay creyentes que nunca se preocupan de presentar ni aún los más insignificantes detalles de sus propias vidas ante Dios en oración; y de cada diez, nueve nunca piensan en orar por los paganos.

Uno queda asombrado de la reticencia de los cristianos a orar. Quizás sea porque nunca han experimentado u oído hablar de respuestas convincentes a la oración.

En este capítulo emprenderemos lo que bien podríamos denominar como «misión imposible». ¿Y qué es esto? Ni más ni menos que nuestro deseo y propósito de hacer palpable a cada corazón y a cada conciencia de cada lector el poder de la oración. Y nos atrevemos a decir que esto es «misión imposible». ¿Por qué? Porque si los creyentes de hoy día no alcanzan a creer y obrar siquiera como resultado de las promesas y mandatos de Dios, ¿cómo podemos esperar persuadirlos nosotros con exhortaciones meramente humanas?

Pero, ¿recuerdas lector cuando el Señor, hablando a sus discípulos, les preguntó si creían que Él estaba en su Padre y el Padre en Él? y luego añadió: «Si no, creedme por las mismas obras» (Juan 14:11). Era como si dijese: «Si mi Persona, mi vida santificada, y mis palabras de vida no bastan para que creáis en mí, entonces mirad las obras que hago; éstas sin duda serán suficientes para forzaros a creer. Creedme por lo que hago».

Y luego les prometió que si eran capaces de creer, harían aún obras mayores que aquéllas. Fue después de decir esto que hizo la maravillosa promesa que hemos mencionado antes con respecto a la oración. De todo lo cual, no resulta difícil inferir que las «grandes obras» sólo se pueden realizar como resultado de la oración.

¿No es lógico, acaso, que el discípulo siga el método del Maestro? ¡Amigo lector y compañero en la obra de Cristo!, si tienes dificultades para aceptar, entender o confiar en las extraordinarias promesas que Dios hace respecto a la oración, ¿no vas a creer en ellas, al menos, «por amor a la obra misma»? Esto es, en base y por razón a las «grandes obras» que tantos hombres y mujeres realizan hoy, o dicho de otro modo, las grandes obras que Jesús está realizando a través de ellos por medio de su participación y cooperación en la oración?

¿Qué es lo que tratamos de hacer? ¿Cuál es nuestro objetivo real en la vida? Sin duda, deseamos, más que cualquier otra cosa, dar fruto abundante en el servicio del Maestro. No buscamos el cargo, posición, prominencia o poder. Pero, sí anhelamos ser siervos útiles. Pues, si en verdad es así, debemos orar en abundancia. Dios puede hacer más por medio de nuestras oraciones que por medio de nuestra predicación. A. J. Gordon, dijo en cierta ocasión: «Una vez hemos orado, podemos tratar de hacer más; pero no podemos hacer más que orar, hasta que hayamos orado». ¡Si tan sólo creyéramos esta verdad!

Una señora, misionera en la India, estaba muy afligida a causa de lo que ella entendía como fracaso de su vida y su obra. Era una persona fiel y devota, pero su ministerio había traído muy pocas conversiones, y no entendía la razón por qué.

El Espíritu Santo parecía decirle constantemente: «Ora más», pero ella resistió las sugerencias del Espíritu durante un tiempo. «Finalmente» reconoció tiempo después, «me decidí a dedicar un tiempo diario para la oración. Lo hice con preocupación, temiendo que mis compañeros pensaran que estaba tratando de escabullirme del trabajo. Pero, al cabo de poco tiempo, comencé a ver que algunas personas aceptaban a Cristo como su Salvador. Es más, toda la zona donde ejercíamos nuestro ministerio parecía que se despertaba, y la obra de los otros misioneros fue bendecida también como nunca antes. En cuanto comencé a orar, Dios hizo más en seis meses, que lo que yo había conseguido con todos mis esfuerzos en seis años. Y añadió: «Y además, nunca nadie me acusó de intentar eludir mi deber, como yo temía al principio».

Otra misionera en la India sintió también el llamamiento a orar. En este caso, no hubo ninguna oposición desde fuera, pero hubo mucha desde dentro. Sin embargo, ella persistió y en dos años el número de convertidos en el área, ¡se multiplicó por seis!

Dios hizo la promesa «Derramaré mi espíritu sobre toda carne, y profetizarán vuestros hijos y vuestras hijas» (Joel 2:28). ¿Cuánto Espíritu de «suplica» hay en usted, amigo lector? Es algo imprescindible; debemos conseguir ese Espíritu a toda costa. Sin embargo, si no estamos dispuestos a pasar más tiempo en actitud «suplica», Dios se ve obligado a tener que retirar este Espíritu de nosotros, y con ello, pasamos a formar parte del numeroso grupo de los que «resisten al Espíritu», y posiblemente, al final lo «apagan». ¿No ha dicho nuestro Señor que dará el Santo Espíritu «a los que se lo pidan»? (Lucas 11:13).

¿Acaso no sucede, en más de una ocasión, que algunos de los nuevos convertidos del paganismo nos avergüenzan en esto?

Hace unos años, cuando trabajaba como misionero en la India, tuve el gran gozo de ver algo de la obra de Pandita Ramabai.[1] Tenía una escuela-internado con 1.500 señoritas hindúes. Un día, algunas de las alumnas se le acercaron con sus Biblias y le preguntaron qué querían decir las palabras de Lucas 11:49: «Fuego vine a echar en la tierra; y ¡cómo deseo que se haya encendido ya!». La misionera trató de eludir la pregunta con una respuesta evasiva, porque no estaba segura de lo que significaba el texto. Pero, ellas no quedaron satisfechas, de modo que decidieron orar a Dios pidiendo por este fuego. Y mientras oraban -y como resultado de su oración- descendió fuego del cielo sobre sus almas. Les fue concedido desde arriba un nuevo Pentecostés. ¡Por lo que continuaran orando aún con mayor fervor y ahínco!

---

[1] Pandita Ramabai, (1858-1922) fue una erudita, reformadora social y traductora bíblica, en la India y, sin duda, considerada como una de las más grandes mujeres de esa nación. De hecho, la misión que ella fundara, la Misión Mukti, esto es *Liberación y salvación*, todavía permanece abierta día y noche para mujeres y niños que precisan ayuda y ha sido correctamente catalogada como uno de los más grandes ejemplos de cristianismo en acción.

Un grupo de estas jóvenes, sobre las cuales Dios había derramado el «Espíritu de suplica» vinieron de visita a la casa de la misión donde yo estaba pasando algunas semanas y preguntaron: «¿Podemos quedamos en esta ciudad y orar por su obra?». Al misionero que estaba a cargo de la casa, no le entusiasmó mucho la idea. En su opinión, lo que debían hacer era estar en la escuela y no holgazaneando por allí. Pero, ellas insistieron y pidieron que les dejáramos tan sólo una sala o un cobertizo donde orar; y, ¡cómo no!, como sea que todos queríamos que se orara a nuestro favor, les concedió lo que pedían. El misionero jefe accedió de mala gana, y a causa de ello aquel día se sentó pensativo y malhumorado a la mesa de la cena. De pronto, llegó un pastor nativo, totalmente fuera de sí. Con lágrimas en los ojos, explicó que el Espíritu de Dios le había redargüido de pecado y que se sentía obligado a venir para confesar abiertamente el mal que había hecho. A él le siguieron otros creyentes, uno tras otro, confesando sentirse convictos de pecado.

Fue el principio de un período excepcional de bendición y avivamiento en la zona. Varias personas que se habían apartado del evangelio regresaron restauradas, los creyentes fueron santificados, varios inconversos fueron traídos al redil; y todo simplemente porque unas pocas jóvenes estuvieron orando.

Dios no hace acepción de personas. Si alguien está dispuesto a aceptar sus condiciones, Él está por su parte dispuesto a cumplir sus promesas. ¿No arde nuestro corazón dentro de nosotros al oír hablar del gran poder de Dios? Y ese poder puede ser nuestro, simplemente con pedirlo. Cierto, hay «condiciones». Pero tú y yo, lector, podemos cumplirlas por medio de Cristo. Y todos aquellos que no pueden tener el privilegio de servir a Dios directamente a través de su ministerio, ya en la India o en cualquier otra parte, pueden, sin embargo, ser parte de la bendición sobre cualquier ministerio que tengan en mente, a través de la oración. Cuando el avivamiento de Gales estaba en su apogeo,[2] un misionero galés escribió a sus paisanos pidiéndoles que oraran para

---

[2] Gales vio más de cien mil convertidos en menos de seis meses. Con unos pocos intercesores, el poder de Dios estalló en 1904, sin embargo, su influencia todavía dura hasta nuestros días. El líder de este avivamiento fue el humilde joven galés llamado Evan Roberts (1878-1947), hombre de intensa y ferviente oración, un herrero-minero cuya autentica búsqueda de Dios le llevó a ser «un predicador laico». Luego de trece meses de buscar a Dios, dijo: «Tuve una visión de que todo Gales era levantada al cielo. Vamos a ver el más poderoso avivamiento que Gales haya conocido jamás; el Espíritu Santo viene pronto, preparémonos».Un día en la primavera de 1904, el poder de Dios barrió a Gales hasta sacudir toda Gran Bretaña y el mundo entero.

que en la India pudiera haber un avivamiento similar. Así que, algunos mineros de Gales, decidieron reunirse diariamente en la boca misma de la mina, media hora antes del amanecer, para orar por su paisano misionero al otro lado del mar. A las pocas semanas recibieron el esperado mensaje: «Ha empezado la bendición».

¿No es espléndido que nuestras oraciones puedan traer lluvias de bendición en la India, en África, en China, a la vez que conseguir las tan anheladas gotas que tanto necesitamos en nuestro propio terreno?

Muchos recordamos aún las cosas maravillosas que Dios hizo por Corea hace algunos años, y que no fueron más que una clara respuesta a la oración. Unos pocos misioneros decidieron reunirse a orar cada día al mediodía. Al cabo de un mes, un hermano sugirió que como fuera que no había sucedido «nada en un mes» sería mejor dejar de reunirse. «Será mejor que oremos en nuestras casas, según cada uno creamos conveniente», dijo. Pero los demás protestaron, alegando que lo que debían hacer era pasar más tiempo orando cada día. Así que continuaron orando diariamente durante cuatro meses. De repente, empezaron a llover bendiciones. Los servicios de las iglesias en diversos puntos eran interrumpidos por gente que se levantaba sollozando y confesando sus pecados. Y de este modo empezó un poderoso avivamiento. Una noche de domingo en cierto lugar del país, durante el culto, el dirigente de una iglesia se levantó y confesó que había sustraído cien dólares al administrar el legado de una viuda. Inmediatamente, la convicción de pecado se extendió por toda la audiencia. El culto no terminó hasta las dos de la madrugada. El poder de Dios se dejó sentir como nunca antes. Y cuando la iglesia hubo sido purificada, muchos pecadores hallaron en ella la salvación.

Por todo el país, multitudes acudían a las iglesias por curiosidad, para ver qué sucedía. Algunos iban a mofarse, pero durante los cultos, el temor se apoderaba de ellos y se quedaban para orar. Entre aquellos «curiosos» había el capitán de una pandilla de bandoleros. Fue convicto de pecado y se convirtió. Después, fue directo al magistrado y se entregó. «¿No tienes quien te acuse?», le dijo, atónito, el oficial, «¿y te acusas tú mismo? No tenemos en nuestra Ley ninguna provisión que cubra este caso». Y lo despidió.

Tiempo después, uno de los misioneros declaró: «Valió la pena haber pasado varios meses orando, porque cuando Dios envió el Espíritu Santo, realizó en medio día, más de lo que todos los misioneros habíamos conseguido en medio año». En menos de dos meses se convirtieron más de dos mil nativos. Y el celo ardiente de estos nuevos convertidos era imparable, de modo que el crecimiento fue exponencial. Algunos de ellos dieron todo lo que tenían para construir una iglesia en su localidad, y lloraban porque no tenían más. No hace falta decir que comprendían muy bien el poder de la oración. Todos ellos fueron bautizados de inmediato con el «Espíritu de súplica». En una iglesia, se propuso tener una reunión de oración a las 4.30 de la mañana diariamente. ¡El primer día llegaron antes de la hora indicada cuatrocientas personas deseosas de orar! El número creció rápidamente hasta seiscientas. En Seúl, la asistencia a la reunión de oración semanal era de unos mil cien.

Algunos jefes nativos acudieron para ver qué era lo que estaba ocurriendo y exclamaron atónitos: «Verdaderamente, el Dios vivo está entre vosotros». Estos paganos vieron lo que muchos cristianos no ven. ¿No dijo Cristo: «Allí donde están dos o tres congregados en mi nombre, allí estoy en medio de ellos?» (Mateo 18:20). Lo que fue posible en Corea es posible aquí, donde vivo yo o donde vivas tú, lector. Dios no hace acepción de personas. Él desea bendecirnos y derramar su espíritu sobre nosotros.

Ahora bien, si nosotros -en esta nuestra nación autodenominada cristiana- creyéramos de veras en la oración, es decir, en las promesas de nuestro Señor, ¿evitaríamos asistir a las reuniones de oración como hacemos? ¿Si tuviéramos un interés auténtico por la condición de los que se pierden, a millares en nuestro propio país, y a decenas de millares en los países paganos, ¿seríamos tan parcos en orar como somos? Sin duda pensamos muy poco, de lo contrario oraríamos muchísimo más. «Pedid y se os dará», nos dice un Dios todopoderoso y amante, y nosotros apenas hacemos caso de sus palabras.

No hay duda alguna: los convertidos de los países paganos nos avergüenzan a nosotros que nos autollamamos cristianos. En uno de mis viajes llegué a Rawal Pindi, en el Nordeste de la India. ¿Qué sucedió allí? Algunas de las jóvenes alumnas de Pandita Ramabai, de las que ya he hablado antes, fueron allí de acampada. Poco antes de que fueran, Pandita les había dicho: «Si ha de haber bendición en la India, hemos de conseguirla. Por tanto, pidamos a Dios que nos diga lo que tenemos que hacer para conseguirla».

A continuación se puso a leer en su Biblia haciendo una pausa sobre el versículo de Hechos 1:4,8: «...les mandó... que aguardasen la promesa del Padre... recibiréis poder, cuando haya venido sobre vosotros el Espíritu Santo». «¡Aguardar! Esto -dijo- no lo hemos hecho nunca». «Hemos orado, pero no hemos esperado hoy ninguna bendición mayor de la que recibimos ayer». ¡De modo que decidieron redoblar sus esfuerzos en la oración y aguardar a que algo sucediera. Una de sus reuniones de oración duró seis horas. Pero ¡qué bendiciones tan maravillosas derramó Dios como resultado de aquellas oraciones!

En cierta ocasión en que algunas de esas jóvenes estaban de acampada en Rawal Pindi, una misionera, mirando a medianoche desde su tienda para ver si todo estaba en orden, se sorprendió al ver que en una de las tiendas de las chicas había una luz encendida, algo en contra de las reglas. Inmediatamente, imaginando que andaban de jaleo, fue a reprenderlas; pero todas estaban dormidas excepto la más joven de ellas, una chica de quince años, que estaba arrodillada a un extremo de la tienda, con una candela de sebo en una mano y una lista de nombres por los cuales interceder en la otra. Tenía en la lista 500 nombres escritos del total de las 1.500 alumnas de la escuela de Pandita Ramabai. Hora tras hora fue presentando cada uno de los nombres delante de Dios hasta acabar. ¡No es de extrañar que la bendición de Dios cayera sobre estas jóvenes y sobre cualquiera que estas jóvenes hubieran incluido en sus «listas» de oración!

El Pastor Ding Li Mei, de China, puso en su lista de oración los nombres de 1.100 estudiantes. Muchos centenares de ellos han sido ya ganados para Cristo por medio de sus oraciones. Y tan decididos y sólidos son sus convertidos que docenas de ellos han entrado en el ministerio cristiano.

Me sería fácil seguir añadiendo y relatando más historias, tan asombrosas e inspiradas como éstas, para mostrar las bendiciones obtenidas por medio de la oración; pero pienso que no hay necesidad de ello. Por mi parte estoy absolutamente convencido que Dios quiere que yo me arrodille y ore y que usted lector haga lo mismo.

«Si alguna bendición hay para Inglaterra, orando podremos conseguirla.» Pero no, digo aún más que esto: si hay alguna bendición hay en Cristo Jesús, orando podemos conseguirla. «Bendito sea el Dios y Padre de nuestro Señor Jesucristo, que nos bendijo con toda bendición espiritual en los lugares celestiales en Cristo» (Efesios 1:3.). El almacén de bendiciones de Dios está lleno a rebosar. La llave para acceder a él es la oración, y la fe da vuelta a esa llave y abre la puerta, accediendo a las bendiciones. «Bienaventurados son los de puro corazón porque ellos verán a Dios» y verle es orar rectamente.

¿Se da cuenta, lector? De nuevo hemos llegado a una encrucijada, y en ella, la única salida posible, la única conclusión es así de simple: todos nuestros fracasos anteriores, toda nuestra ineficacia e insuficiencia, toda nuestra infructuosidad en el servicio, todo ello podemos eliminarlo y hacerlo desaparecer ahora mismo, de una vez por todas, si damos a la oración el lugar que le corresponde en nuestras vidas. Comencemos hoy. Comencemos ahora mismo, pues no tiene justificación ni sentido alguno que queramos esperar a otro momento más oportuno.

Todo lo que vale la pena conseguir está a nuestro alcance. Lograrlo depende únicamente de las decisiones que tomemos. Verdaderamente, ¡Dios es maravilloso! y una de las cosas más maravillosas acerca de Él es que pone a nuestra disposición la oración de fe. La oración del que cree, de un corazón completamente limpio, una oración que nunca falla. Dios ha empeñado su palabra en ello. Y sin embargo, no deja de sorprender que los creyentes, en su mayoría, o no crean lo que dice la Palabra de Dios o no tengan el más mínimo interés en ponerla a prueba.

Cuando Cristo se hace el «todo en todos», cuando él se convierte en el Salvador, Señor y Rey de todo nuestro ser; entonces, es Él quién forma parte de nuestras oraciones y ora con nosotros. Entonces, podemos decir literalmente, cambiando una palabra de un conocido versículo, que el Señor vive, no sólo para interceder por nosotros, sino también que hace intercesión a través de nosotros. ¡Oh, si tan sólo pudiéramos conseguir que el Señor Jesús se «maravillara» no de nuestra incredulidad, sino de nuestra fe! Cuando logremos que nuestro Señor se sienta «maravillado» de nosotros y diga de nosotros: «Verdaderamente... no he encontrado tanta fe ni aún en Israel» (Mateo 8:10), entonces la parálisis espiritual que ahora padecemos se desvanecerá y se transformará en poder.

¿Acaso no es cierto que el Señor ha venido para poner «fuego» en nosotros? ¿Estamos ya «ardiendo»? Dios no hace acepción de personas. Si somos capaces de decir, con humildad y sinceridad: «Para mí el vivir es Cristo» (Filipenses 1:2), ¿qué duda puede quedarnos de que manifestará su poder por medio de nosotros?

Ya nos hemos referido a John Hyde, y de cómo su oración intercesora de súplica cambiaba las cosas. Se cuenta de que cuando John Hyde oraba todos los que le rodeaban se sentían emocionados, conmovidos en lo más profundo de su corazón. Cuando exclamaba orando «¡Jesús! ¡Jesús! ¡Jesús!», acto seguido un bautismo de amor y poder descendía sobre ellos.

Pero no era John Hyde el que hacía esto, era el Espíritu Santo de Dios actuando a través de un hombre consagrado, lleno de su Espíritu, y extendiéndose a través de él sobre todos los que le rodeaban. Pero... no todos podemos ser un «Hyde el que ora», ¿cierto? Cierto, John Hyde poseía un don especial para la oración. No hay duda, pero, ¿cómo lo consiguió? Hubo un tiempo en que Hyde no era más que un cristiano vulgar y corriente, como cualquiera de nosotros.

¿Sabías que hablando desde el punto de vista humano, Hyde debía su vida de oración a las oraciones de su padre y del padre de un amigo suyo? Es un punto importante y a tener en cuenta, pues afecta profundamente a toda su vida. Voy contar algo de su historia, porque pienso que es importante. El propio John Hyde, contando su experiencia, habla de cuando estaba a bordo de un barco que navegaba hacia la India, donde se dirigía como misionero. Dice: «Mi padre tenía un amigo que deseaba con todo su corazón ser misionero, pero que no fue aceptado para ir al campo de misión. Este amigo de mi padre me escribió a mí una carta directamente al barco, que recibí unas horas después de haber partido de Nueva York. No era un hombre de verbo fluido, por lo que la carta era breve; en esencia venía a decirme: «No cesaré de orar por ti, querido Juan, hasta que seas lleno del Espíritu Santo». Cuando acabé de leerla, enfadado la arrugué y la arrojé al suelo. ¡Qué desfachatez! -pensé- ¿qué se cree este tipo? ¿Qué no he recibido el Espíritu Santo? ¿Acaso hubiera partido hacia la India sin él? Pero, poco a poco prevaleció la sensatez. Recogí la carta del suelo, y la leí otra vez. Quizás -reflexioné- haya algo que necesito y que no haya recibido todavía. Seguí paseando por la cubierta, de proa a popa, con una lucha en mi interior. Me sentía incómodo: amaba a la persona que había escrito la carta, sabía la clase de vida abnegada que vivía, y además, en el fondo de mi corazón, tenía la convicción de que él tenía razón, que yo no era persona idónea para ser misionero... Estos pensamientos continuaron agitando mi mente durante dos o tres días, hasta el punto que comencé a deprimirme. Finalmente, en un acto desesperado, le pedí a Dios que me llenara de su Santo Espíritu; y desde el preciso momento en que lo hice... empecé a verme a mí mismo de una manera distinta, y a vislumbrar con toda claridad cuan egoístas eran mis ambiciones.

Pero no recibió la bendición que buscaba en aquel momento. Desembarcó en la India y un tiempo después asistió con sus compañeros misioneros a un servicio al aire libre. «El predicador hablaba en una lengua nativa que yo no entendía», dice John Hyde, «y me dijeron que hablaba sobre Jesucristo como único Salvador del pecado. Cuando el predicador hubo terminado su mensaje, un hombre de aspecto muy respetable, hablando muy buen inglés, le preguntó si él mismo había sido salvo. Aquella pregunta me llegó al corazón; porque me di cuenta de que si me la hubieran hecho a mí, habría tenido que confesar que Cristo no me había salvado por completo, porque había un pecado en mi vida que todavía no había sido eliminado. Comprendí qué deshonor hubiera sido para el nombre de Cristo haber tenido que confesar que yo, que estaba predicando a Cristo, no había sido librado por completo del pecado, a pesar de estar proclamando a los demás que Él es un Salvador perfecto y absoluto. Me fui a mi habitación, cerré la puerta y le dije a Dios que hiciera una de estas cosas: o bien me daba la victoria completa sobre todos mis pecados, y especialmente sobre aquel pecado que me asediaba, o que me hiciera regresar a Estados Unidos a buscar otro tipo de trabajo. Le dije que no tenía sentido y no podía plantearme la posibilidad de salir a predicar el Evangelio hasta que pudiera testificar del poder de ese evangelio en mi propia vida. Mi planteamiento no podía ser más razonable, de modo que el Señor me respondió, asegurándome que Él podía librarme de todo pecado y que estaba dispuesto a hacerlo. Me libró, y no he tenido la menor duda de ello desde entonces».

Fue a partir de entonces, y sólo a partir entonces, que John Hyde pasó a ser «Hyde el que ora». Y mediante esta entrega y rendición absoluta a Dios, suplicando ser librados del poder del pecado en nuestras vidas, que usted y yo, lector, podemos llegar a ser hombres de poder en la oración. Y quiero destacar un aspecto de la historia que ya he mencionado antes como de suma importancia. Un hombre prácticamente desconocido, ora por John Hyde, que era ante el mundo otro desconocido, y las peticiones de uno hacen que el otro se convierta en un personaje famoso en todo el mundo conocido como «Hyde, el hombre que ora». Puede que usted, lector, en su corazón, se haya dicho hace un momento que nunca podrá llegar a convertirse en un «Juan, el que ora». Y tiene razón, no todos podemos destinar tanto tiempo a la oración. Por razones físicas o de otra índole puede que nos sea imposible pasar tanto tiempo orando como pasaba Juan. Pero eso no impide que podamos tener su espíritu de oración. Y que podemos hacer por otros lo que este amigo desconocido de John Hyde hizo para él.

¿Qué nos impide de orar pidiendo bendiciones para otros? ¿Para el pastor o su ayudante? ¿Para un amigo? ¿Para su familia? ¡Qué ministerio tan enorme el nuestro si entramos de lleno en él! Pero para poder hacerlo, antes debemos rendirnos por completo como hizo John Hyde. ¿No lo hemos hecho aún? El fracaso en la oración se debe a un problema espiritual en el corazón. Sólo los de «limpio corazón» pueden ver a Dios. Y sólo aquellos que «de corazón puro invocan al Señor» (2ª Timoteo 2:22) pueden con confianza esperar respuesta a sus oraciones.

¡Qué avivamiento podría empezar; qué gran bendición podría descender sobre nosotros si todos los que leen estas palabras reclamaran la plenitud del Espíritu Santo ahora!

¿No tiene aún, lector, del todo claro por qué Dios quiere que oremos? ¿No ve todavía por qué todo lo que vale la pena depende de la oración? Hay varias razones que explican por qué no recibimos respuesta a nuestras oraciones por algo que pedimos, pero entre todas, después de lo expuesto en este capítulo, creo que una se destaca vívidamente sobre las demás. Es la siguiente: si pedimos algo y no lo recibimos, la falta está en nosotros. Cada oración no contestada es como un bocinazo, un toque de atención que nos advierte que debemos revisar nuestro corazón para ver lo que hay allí en desorden o que no funciona correctamente; porque la promesa está clara y resulta indiscutible en toda su extensión: «Si algo pidiereis en mi nombre, yo lo haré» (Juan 14:14).

En realidad el que ora, no pone a Dios a prueba; lo que pone a prueba es su propia vida espiritual.

> *¡Más cerca oh Dios a Ti!*
> *Más cerca cada día;*
> *¡oh, déjame apoyarme más en Ti!*
> *Para seguir mi vía.*

4

PIDIENDO SEÑALES

«¿Contesta Dios de verdad la oración?». Esta pregunta, sale con frecuencia de los labios de algunos, y muchas más veces aún, del corazón de casi todos. «¿Es la oración verdaderamente útil?». Algo hay que nos impide dejar de orar, pero, en el fondo, esto no tiene nada que admirar, pues, no ya sólo los paganos sino incluso hasta los ateos piden ayuda clamando a «alguien» o a «algo» en los trances de peligro o de desgracia.

Por tanto, aquellos que decimos creer realmente en la oración nos vemos enfrentados con otra pregunta: «¿Es correcto poner a prueba a Dios?» Y aún más, hay otra idea que pasa por nuestra mente: «¿Nos atrevemos a poner a Dios a prueba?». Porque no hay duda que el origen de nuestro fracaso en la oración está en nuestra vida espiritual, en nuestra falta de fe. Por ello hay tantos que albergan incredulidad en su corazón respecto al valor y eficacia de la oración; porque sin fe, la oración es vana.

¿Pedimos señales? ¿Ponemos a Dios a prueba? Ojalá que Dios persuadiera a todos los hombres y mujeres cristianas a hacerlo. Porque, ¡esto sería una demostración y prueba de nuestra propia fe en Dios y de nuestra santidad en la vida! La oración es la piedra de toque de la verdadera piedad. Dios pide nuestras oraciones, valora nuestras oraciones, necesita nuestras oraciones. Y si estas oraciones fallan, no podemos dar la culpa a nadie más que a nosotros mismos. No quiero decir con ello que la oración eficaz consigue siempre todo aquello por lo que pide. Pero la Biblia nos enseña que podemos poner a Dios a prueba. El ejemplo lo tenemos en Gedeón, en el Antiguo Testamento, que nos muestra como Dios honra nuestra fe aún cuando ésta es débil y se tambalea. Dios nos permite que le «pongamos a prueba»; y sobre esto hay una promesa concreta de Él, lo cual nos es de gran consuelo.

Gedeón dijo a Dios: «He aquí que yo pondré un vellón de lana en la era, y si el rocío estuviere en el vellón solamente... entonces entenderé que salvarás a Israel por mi mano, como has dicho». Así lo hizo Dios, y el día siguiente aunque la tierra estaba seca sacó todo un tazón lleno de agua del vellón. Pero Gedeón aún no se quedó contento. Se atrevió a poner a prueba a Dios por segunda vez, y pidió que aquella noche el vellón se quedara seco y la tierra mojada. Y Dios lo hizo así; sólo el vellón quedó seco» (Jueces 6:37,40).

Es extraordinario leer lo que Dios Todopoderoso hizo con un hombre vacilante, contestando sus peticiones, y haciendo lo que le pedía. Pero es que Gedeón, mientras exprimía el vellón, empezó a reflexionar y a compararse a sí mismo con la lana mojada: «¡Cuán distinto soy yo de este vellón! Dios promete liberación, sí, pero yo no estoy lleno del Espíritu de Dios. No tengo constancia de que haya entrado en mí ningún influjo del poderoso espíritu divino. Y siendo así, ¿seré yo capaz de realizar este gran hecho?». ¡No! Pero es que, Dios me ha dicho que no soy yo, sino Él el que va a obrar. ¡Oh Dios!, que el vellón se quede seco, ¿puedes todavía obrar? Incluso dándose la circunstancia de que no siento en mí ningún poder sobrehumano, ninguna plenitud de bendición espiritual dentro de mí, ¿puedes Tú librar a Israel por mi mano? (No es de extrañar que empezara su petición diciendo a Dios: «¡No se encienda tu ira contra mí!») «y aquella noche lo hizo Dios así; sólo el vellón quedó seco, y en toda la tierra hubo rocío» (Ver. 40).

Sí, en la historia de Gedeón hay más de lo que parece a primera vista. ¿Y no es éste también nuestro caso? El diablo con frecuencia nos asegura que nuestras oraciones no van a recibir respuesta a causa de la «sequedad» de nuestra alma. Pero las respuestas a la oración no dependen de nuestros sentimientos, sino de la firmeza y solidez del que promete.

Ahora bien, no estoy diciendo que el método de Gedeón sea adecuado para nosotros, para nuestro curso normal de acción en la vida diaria. La conducta de Gedeón revela un exceso de vacilación a la hora de creer la palabra de Dios. De hecho, da la impresión de que está dudando seriamente de Dios. Y sin duda ofendemos a Dios cuando mostramos una fe condicionada en la que Él ocupa un lugar meramente parcial.

El camino más seguro, mejor y más elevado es «pedir sin dudar nada». Pero no deja de ser muy consolador y tranquilizante saber que Dios permitió a Gedeón que le pusiera a prueba. No es este el único caso mencionado en la Escritura en la que un hombre pone a prueba a Dios. El caso más sorprendente de «probar a Dios» ocurrió en el Mar de Galilea. Pedro puso a prueba al Señor cara a cara: «Si eres Tú, mándame ir a Ti sobre las aguas». El Salvador ya le había dicho que era Él. De modo que simplemente le contesta: «Ven». Y Pedro se puso a caminar sobre las aguas. (Mateo 24:28,29). Pero esta «prueba de fe» a Pedro pronto falló. La «poca fe» (vers. 31) es algo que pronto se transforma en «duda». Recordemos que Cristo no le reprende por negarse a ir hacia Él; no le dice: «¿por qué viniste?», sino que dice: «¿por qué dudaste?»

El poner a Dios a prueba, después de todo, no es el mejor método. Nos ha dado tantas promesas que dependen de que oremos con fe, y ha demostrado ya su poder y voluntad de contestar a la oración tan claramente, que deberíamos, como regla, pensarlo mucho, antes de pedirle señales o prodigios.

Alguien dirá, sin embargo ¿pero acaso no nos es el propio Señor, el mismo Dios Todopoderoso, quién nos manda ponerle a prueba? ¿No dijo: «Traed todos los diezmos al alfolí... y probadme ahora en esto, dice Jehová de los ejercicios, si no os abriré las ventanas de los cielos y derramaré sobre vosotros bendición hasta que sobreabunde!» (Malaquías 3:10).

Sí, es verdad: Dios dice: «Probadme». Pero, ¡cuidado! porque en realidad somos nosotros mismos los que somos probados. Si las ventanas de los cielos no se abren cuando oramos, y si las bendiciones no sobreabundan sobre nosotros, es señal que no pertenecemos a los que traen el diezmo. Cuando nos hemos entregado a Dios por completo, cuando le hemos traído el diezmo al alfolí por entero, ¡hallaremos tal bendición que no tendremos necesidad de poner a Dios a prueba! Éste es un asunto sobre el que hablaremos más adelante, cuando analicemos el tema de la oración no contestada.

Entretanto lo que importa es que cada cristiano se pregunte: «¿He puesto realmente a prueba mi oración de forma imparcial?» ¿Cuándo fue la última vez que hice una oración concreta y precisa? La gente ora haciendo peticiones globales, pidiendo «bendiciones» sobre un mensaje, una reunión, o una misión; y, por supuesto, alguna bendición llegará, porque otros también piden a Dios sobre la misma cosa. A veces oramos pidiendo alivio del dolor o curación de una enfermedad, y sucede; pero también las personas que no creen, y por las cuales no hay que pensar que nadie ore, también a veces se recobran de sus dolencias, y algunas veces incluso en formas que parecen milagrosas. Y más de una vez, llegamos a la conclusión que lo mismo hubiera sido orar como no orar. Estoy convencido de que hay muchos cristianos que si les preguntáramos que serían capaces de indicar de un caso concreto y definido de respuesta a la oración en su propia experiencia. Muchos cristianos no dan a Dios la oportunidad de mostrarles su deleite en concederles sus peticiones, porque sus peticiones son imprecisas e indefinidas. Por tal razón, no es sorprendente que la oración se transforme con frecuencia en una mera fórmula, una repetición mecánica, día tras día, de ciertas frases: unos minutos de «ejercicio mental» mañana y tarde.

Además, hay otro punto importante. ¿Ha tenido usted alguna vez, mientras oraba, la convicción de que aquello por lo que oraba le ha sido concedido? Los que conocen algo de la vida privada de los hombres de oración se muestran sorprendidos de la certeza absoluta que a veces les sobreviene de que sus peticiones han sido concedidas, mucho antes de que haya certeza y pública constancia de que las cosas han sucedido como ellos pedían. Un adalid de la oración decía al respecto: «¡Sentí paz en mi alma! Y estaba seguro que mi petición había sido concedida. Entonces comencé a dar gracias a Dios por lo que estaba seguro que ya había hecho. Y pronto se demostró que mi certeza estaba absolutamente bien fundada».

Nuestro Señor tuvo siempre esta seguridad, y en este sentido deberíamos recordar que, aunque era Dios, vivía en la tierra como un perfecto Hombre, dependiendo del Santo Espíritu de Dios.

Cuando estaba delante de la tumba abierta de Lázaro, antes de que mandara al cadáver que se levantara, dijo: «Padre, gracias te doy por haberme escuchado. Yo sé que siempre me escuchas» (Juan 11:41,42). ¿Por qué, pues, dio las gracias? «A causa de la multitud que está alrededor, para que crean que tú me has enviado». Si Cristo mora en nuestros corazones por la fe; si el Espíritu Santo está inspirando nuestras peticiones, y si estamos «orando en el Espíritu Santo», ¿no es lógico que tengamos la certeza de saber si el Padre nos «oye»? (Judas 20). ¿Y no reconocerán también los que están alrededor nuestro que nosotros también somos enviados por Dios?

Los hombres y mujeres de oración sufren como si estuvieran en agonía ante Dios, cuando piden por algo que saben que está de acuerdo con Su voluntad, como resultado de algunas promesas definidas que encontramos en las páginas de las Escrituras. Algunos es posible que oren por una cosa durante horas, e incluso días, cuando de repente, el Espíritu Santo les revela de un modo incuestionable que Dios les ha concedido ya su petición; y a partir de ese mismo instante entienden que ya no tienen que seguir enviando más peticiones a Dios sobre este asunto sino darle gracias por la respuesta concedida. Es como si Dios les dijera en tonos bien claros: «Tu oración ha sido escuchada, y el deseo de tu corazón ha sido concedido». Ésta es la experiencia, no ya de una sola persona, sino de muchos para quienes la oración es la base de su vida, y que han testificado en este sentido. Y no es en absoluto una experiencia única en sus vidas; es algo que les ha ocurrido repetidamente una y otra vez.

Además, la oración debe dar lugar a la acción. Dios dijo a Moisés: «¿Por qué clamas a mí? Di a los hijos de Israel que marchen» (Éxodo 14:15).

No nos sorprendamos, por tanto, de saber que el doctor Goforth,[1] misionero en China, tenía con frecuencia la seguridad de que sus peticiones habían sido concedidas. Tenía la seguridad de que el camino estaba abierto. Y ¿por qué tenemos que sorprendernos de esto? El Señor Jesús dijo: «Vosotros sois mis amigos, si hacéis cuanto yo os mando. Yo no os llamo siervos, porque el siervo no sabe lo que hace su señor; sino que os he llamado amigos» (Juan 15:14,15). Si somos sus «amigos» ¿qué tiene de sorprendente que Él nos deje conocer algo de sus planes y propósitos?

Y llegando a este punto corresponde preguntarnos si Dios permite que ésta sea la experiencia únicamente de algunos pocos santos escogidos o bien si quiere que todos los creyentes que ejercitan su fe a un alto nivel tengan una seguridad similar de que sus oraciones han sido contestadas.

Sabemos que Dios no hace acepción de personas, y por tanto sabemos que todo creyente verdadero en Él puede participar de sus pensamientos y su voluntad. Somos sus amigos si hacemos las cosas que Él nos manda. Una de estas cosas es la «oración». Nuestro Salvador pidió a sus discípulos que «tuvieran fe en Dios» (la traducción literal es «tuvieran la fe de Dios»). Así, pues, declaró, que el que diga a un monte que: «sea quitado de ahí, y arrojado al mar; y no dude en su corazón, sino que crea que lo que está hablando sucederá, lo consiga». Y a continuación añade esta promesa: «Por eso os digo que todo cuanto rogáis y pedís, creed que lo estáis recibiendo, y lo tendréis» (Marcos 11:24). Pues bien, ésta es exactamente la experiencia de que estamos hablando. Esto es exactamente lo que hacen los hombres de fe de verdad. Estas cosas son totalmente incomprensibles para los no creyentes. Son cosas que dejan incluso perplejos a los creyentes débiles. Nuestro Señor, sin embargo, desea que los hombres sepan que somos sus discípulos, enviados por Él (Juan 17:18;22:21). Y nos dice que lo sabrán si nos amamos unos a otros (Juan 23:35). Pero una razón más por la que los hombres crean, y es ésta: cuando nosotros sabemos y ellos ven que «Dios nos escucha siempre» (Juan 11:42).

Muchos recordamos con añoranza la maravillosa vida de oración de George Müller de Bristol. En una ocasión, en que Müller cruzaba el océano de Quebec a Liverpool, había orado para que un sillón que había encargado en Nueva York llegara a tiempo antes de partir el barco, y estaba convencido de que Dios le había concedido la petición.

---

[1] Se refiere a Jonathan Goforth (1859-1936) misionero canadiense en China.

Como una media hora antes de que los pasajeros fueran embarcados, los oficiales de la naviera le informaron que el transporte con el sillón se había demorado y que no había ya posibilidades de que llegara a tiempo de partir con el vapor. La esposa de George Müller se mareaba mucho, y él consideraba el sillón como algo indispensable para ella pudiera viajar con comodidad. Sin embargo, nadie logró convencerle de que comprara otro en una tienda del puerto. «Hemos hecho una oración especial al Padre Celestial pidiendo que nos proporcionara el sillón y confiamos en que Él lo hará.» Ésta fue su respuesta.

Subió a bordo absolutamente convencido de que su confianza no era vana. En el mismo momento que acababan de entrar los últimos pasajeros en el buque, llegó el vehículo con en sillón. George Müller se limitó simplemente a dar las gracias al transportista y no olvidó dárselas también a su Padre Celestial. Para cualquiera, el hecho hubiera sido un acontecimiento, para este hombre de Dios, esta respuesta a la oración no era nada especial, sino totalmente natural. Y ahora me pregunto: ¿No cabe la posibilidad de que Dios permitió que el sillón llegara a tiempo en el último momento para dar una lección a los oficiales de la naviera, a los amigos del propio Müller, y también a nosotros? De otro modo, nunca habríamos sabido de este incidente y habríamos tenido una prueba más de que Dios contesta las oraciones de sus siervos.

Dios hace todo lo que puede para inducirnos a la oración y a la confianza, y a pesar de ello, ¡cuán reacios somos a orar! ¡Cuánto perdemos a causa de nuestra falta de fe y de oración! Nadie puede disfrutar de una comunión real y profunda con Dios si no sabe cómo orar de modo que reciba respuestas a la oración.

Si a alguien le queda todavía alguna duda acerca de la voluntad de Dios de que le pongamos a prueba, debería leer un librito escrito por Amy Wilson Carmichael[2] titulado *Nor Scrip* (*Sin Alforja*,[3] Marshall, Morgan and Scott, Ltd.). En sus páginas nos cuenta de qué manera puso a prueba a Dios una y otra vez. Al leerlo, uno tiene la impresión

---

[2] Amy (Beatriz) Wilson Charmichael (1867-1951) misionera en la India fundadora del *Dohnavur Fellowship*, un ministerio dedicado a rescatar a jóvenes forzadas a la prostitución, así como a acoger a niños abandonados y enfermos. Prolífica escritora fue autora de libros como *His Thoughts Said... His Father Said* (1951), *If* (1953), y *Edges of His Ways* (1955). Su obra más conocida es su relato histórico de las misiones en la India titulado *Things as They Are: Mission Work in Southern India* (1903).

[3] El título de ese libro hace referencia los textos de Lucas 10:4; Mateo 10:10.

de que no fue casual que lo escribiera, sino que parece más bien que fue la mano de Dios que la impulsó a ello. Por ejemplo: para rescatar a una chica hindú de una vida de «vergüenza» necesitaba pagar la suma de cien rupias. Sus dudas consistían en si era justificado pagar esa enorme cantidad por rescatar a una chica cuando con la misma podía prestar ayuda a muchas más. Miss Wilson Carmichael decidió que debía orar a Dios para que, pidiéndole que si era su voluntad que gastara tanto dinero en rescatar a esa persona, le mandara esa cantidad exacta, ni más ni menos. La cantidad llegó -cien rupias exactas- en un cheque, y el que se las mandó le explicó que iba a mandar un cheque por otra cantidad determinada -no en números redondos- pero que se vio impelido a hacerlo por cien rupias exactas.

Esto ocurrió hace quince años o más, y desde entonces esta misma misionera ha puesto a Dios a prueba una y otra vez, y nunca le ha fallado. Estas son sus palabras: «Nunca, en los quince años de labor misionera, ha quedado una factura sin pagar; y nunca le hemos dicho a nadie que teníamos necesidad de nada, pero no nos ha faltado nunca lo que necesitábamos. En cierta ocasión, para enseñarnos hasta donde podía llegar la provisión divina en caso necesario, nos mandaron veinticinco libras que llegaron por telegrama cuando ya no podíamos seguir un día más. A veces, al despedirnos en una estación de ferrocarril, salía un hombre de entre la muchedumbre y nos ponía en la mano la cantidad de dinero que necesitábamos con urgencia, y después desaparecía de nuevo entre la muchedumbre sin que lo pudiéramos identificar».

¿No es maravilloso? Sí, lo es. Pero ¿no es eso, acaso, lo qué dice San Juan, hablando inspirado por el espíritu de Dios: «y esta es la confianza que tenemos ante él, que si pedimos alguna cosa conforme a su voluntad él nos oye». Y si sabemos que él nos oye en cualquier cosa que pidamos, sabemos de antemano que tenemos concedidas las peticiones que le hayamos hecho (1ª Juan 5:14,15). ¿Tenemos esta confianza? Y si no la tenemos, ¿por qué no la tenemos?

El calificar las respuestas a la oración como algo maravilloso no es más que mostrar nuestra falta de fe. Lo natural es que Dios conteste la oración: eso es lo normal, no lo extraordinario. Tristemente, la realidad -seamos sinceros y francos al menos con nosotros mismos- es que muchos de nosotros no creemos bastante ni tenemos la suficiente confianza en Dios. Digamos la verdad y llamemos las cosas por su nombre. Si amáramos a Dios deberíamos orar, porque Él quiere que oremos; y nos manda que oremos. Si creyéramos en Dios oraríamos, porque nos sería imposible dejar de hacerlo, no podríamos pasar sin hacerlo.

Amado lector, hermano en la fe: sin duda, usted cree firmemente «en» Dios, como se nos revela en Juan 3:16; pero, ¿ha progresado su vida cristiana en esa fe hasta el punto de creer no sólo «en» Dios, sino también «lo que» Dios dice y «todo» lo que dice? Parece casi una blasfemia hacer una pregunta así a alguien a quién de entrada llamamos cristiano y hermano en la fe. Pero, el caso es que es verdad: ¿cuántos creyentes hay que crean «verdaderamente» en Él en todo el sentido más amplio de lo que creer implica?

¡Dios nos perdone! ¿Ha pensado alguna vez, amigo lector, en que ponemos más fe en la palabra de los hombres que en la palabra de Dios? Y sin embargo, cuando una persona «cree a Dios», ¡qué milagros de gracia obra Dios en él y por medio de él! No hay ningún ser humano que haya sido respetado por más pueblos y en diferentes lenguas, que aquel de quien se nos dice en el Nuevo Testamento tres veces que «creyó a Dios» (Romanos 4:3; Gálatas 3:6; Santiago 3:23). Sí, «Abraham creyó a Dios y le fue contado por justicia». Y hoy, cristianos y judíos de todo el mundo compiten entre sí para honrar su nombre. Nuestro ruego, por tanto, es a cada creyente en Cristo Jesús, que no se dé un descanso hasta que pueda decir: «Creo, en Dios, que acontecerá exactamente como se me ha dicho» (Hechos 27:25).

Pero antes de dejar el tema de poner a Dios a prueba, debemos aclarar que algunas veces Dios nos guía a que le demos oportunidad para «probamos» Él a nosotros. En algunas ocasiones, dice Miss Wilson Carmichael, Dios puso en su corazón el deseo de pedir cosas por las que no veía necesidad. Con todo se sentía impulsada por el Espíritu Santo a pedirlas. No sólo le fueron concedidas sino que demostraron ser de gran beneficio. Sí, Dios sabe las cosas de que tenemos necesidad, aunque nosotros no seamos conscientes de que las necesitamos, o las queramos, y nos las concede antes que se las pidamos (Mateo 6:8). ¿No ha dicho Dios: «Probadme y os abriré las ventanas de los cielos»?

A veces Ms. Wilson Carmichael se sentía tentada a dejar saber a otros de alguna necesidad especial. Pero siempre le refrenaba la seguridad interior que sentía, como si fuera la misma voz de Dios, diciendo: «Yo ya lo sé, y esto basta». ¡Y naturalmente Dios era glorificado en ello! Durante los días difíciles de la guerra, incluso los paganos llegaron a admitir que: «Su Dios los alimenta». «¿Cómo no sabe aún todo el país, -le dijo un pagano en cierta ocasión-, que vuestro Dios escucha las oraciones?»

¡Oh, cuánta gloria a Dios no fue dada por la fe simple y sencilla de esa mujer! ¿Por qué no creemos nosotros a Dios? ¿Por qué le tomamos por su palabra? ¿Dice alguien de nosotros, sean creyentes o incrédulos: «Sabemos que vuestras oraciones son escuchadas»?

¡Ojalá todo el mundo oyera el deseo de Dios -de nuestro bendito Salvador Jesucristo- de que todos tuviéramos una fe tan fuerte como la de esta misionera!

Nuestro Padre amante no quiere que ningún hijo suyo sufra un solo instante de ansiedad debido a una necesidad no satisfecha. No importa lo grande que sea esta necesidad; no importa lo numerosas que sean nuestras necesidades, si tan sólo le «ponemos a prueba» de la manera que Él nos dice, podemos estar seguros que no tendremos espacio suficiente donde acumular lo que Él nos mandará como bendición (Malaquías 3:10).

> *¡Cuánto dolor innecesario soportamos!*
> *¡Oh, cuánta paz que nos perdemos!*
> *Y todo porque no llevamos*
> *Nuestras penas en oración al Señor.*

O bien porque, cuando vienen a nosotros y las atravesamos, no tenemos la suficiente confianza en la Palabra de Dios. ¿Por qué nos es tan difícil confiar en Él? ¿Nos ha fallado alguna vez? ¿Acaso no nos ha repetido una y otra vez que nos concederá las peticiones que procedan de un corazón puro, hechas «en su nombre»? «Orad», «Probadme», «Pedid». La Biblia está llena de respuestas maravillosas a la oración, respuestas milagrosas; y a pesar de ello, nuestra fe sigue siendo escasa y con ello deshonramos a Dios al no demostrar confianza en Él.

> *Si nuestra fe fuera más simple,*
> *aceptaríamos lo que Dios nos dice en su Palabra,*
> *y podríamos disfrutar en nuestras vidas,*
> *de su generosidad que fluye de manera ilimitada.*

«Si nuestros ojos son sencillos, es decir si nuestra fe es simple» nuestro cuerpo entero estará lleno de luz (Mateo 6:22). Cristo debe ser el Dueño y Señor único de nuestra vida. No podemos pretender vernos libres de ansiedad si intentamos servir a la vez a Dios y Mammón (Mateo 6:24, 25). Y eso nos conduce de nuevo a la encrucijada de la vida cristiana victoriosa. Cuando presentamos nuestros cuerpos «como sacrificio vivo, santo aceptable a Dios (Romanos 12:1), cuando presentamos nuestros miembros «como siervos a la justicia» (Romanos 6: 19), entonces es cuando Él nos «llena de toda la plenitud de Dios» (Efesios 3:19).

Recordemos siempre que la fe viva y real no sólo cree que Dios puede contestar la oración, sino que tiene plena seguridad de que la contesta. Nosotros podemos ser negligentes en la oración, pero «El

Señor no retarda su promesa» (2ª Pedro 3:9). ¿No es esta una expresión sorprendente?

Hay muchos otros ejemplos de como Dios fue puesto a prueba, como el que nos cuenta un misionero en Dohnavur[4]. Se preguntaba o no si debía comprar una finca para instalar una casa de reposo en unas colinas cercanas. ¿Sería lo correcto hacerlo o sería un error? Después de consultar con los demás en la misión, decidieron orar mucho sobre el tema y dejar la decisión final a Dios. Acordaron que si era la voluntad de Dios que compraran la casa, debían recibir un donativo por la cantidad de 100 libras esterlinas. Al poco, llegó esa cantidad. Pero seguían con dudas, de modo que dos meses más tarde pidieron a Dios que les diera de nuevo la misma señal si acaso Él aprobaba la compra. Ese mismo día se recibió otro cheque de 100 libras esterlinas. A pesar de ello, seguían con dudas sobre si debían hacer o no la compra. Aquel mismo día recibieron otro cheque por 100 libras esterlinas, esta vez con la indicación de que debía ser para comprar la casa. ¿No se nos inunda el corazón de gozo al saber de esas demostraciones de la bondad de nuestro Salvador? Lucas, el médico amado, nos dice que Dios «es bondadoso» (Lucas 6:35). El amor siempre es «bondadoso» (1ª Corintios 13:4); y Dios es amor. Pensemos en esto cuando oramos. Nuestro Dios es «bondadoso». Nos ayuda cuando suplicamos algo. Tiene paciencia con nosotros cuando nuestra fe vacila. «¡Cuán preciosa, oh, Dios, es tu misericordia!» (Salmo 36:7); «Mejor es tu misericordia que la vida» (Salmo 63:3).

El problema está en que leemos acerca de esta fe simple en la oración y nos limitamos a exclamar: «¡Qué maravilloso!», olvidando que Dios desea que todos tengamos esa misma fe y esa misma fuerza en la oración. ¡Dios no hace acepción de personas! Quiere que todos oremos y que lo hagamos con esa fe sencilla. Por eso permite que sucedan cosas como las que hemos contado antes, y deja que lleguen a nuestros oídos, no para dejarnos atónitos, sino para estimularnos. A veces uno se siente impelido a desear que los cristianos olvidaran todas las reglas y teorías humanas acerca la oración. Seamos sencillos. Seamos naturales. Tomemos la palabra a Dios literal, según ella misma dice. Recordemos que «da benignidad de Dios nuestro Salvador, y su amor para con los hombres», se ha manifestado (Tito 3:4). Dios, a veces, se limita a darnos indicaciones en la vida de oración. Otras, sin embargo, tiene que acompañarnos de la mano y forzarnos.

---

[4] Amy Charmichael fundó en 1901 un ministerio en esta ciudad de la India, distrito de Tirunelveli, Tamil Nadu, denominado *The Dohnavour Fellowship,* que ha perdurado hasta nuestros días.

Al mirar hacia atrás en nuestra vida, sin duda, relativamente pobre en oración, ¡qué emoción no nos embarga al considerar la benignidad y paciencia de Cristo! (2ª Tesalonicenses 3:5). ¿Dónde estaríamos ahora si no fuera por ellas? Le fallamos, pero, ¡bendito sea su nombre! Él no nos falla a nosotros, nunca nos ha fallado y nunca lo hará. Dudamos de Él, desconfiamos de su amor y de su providencia y guía; «desmayamos en el camino»; murmuramos a causa del camino; y sin embargo, Él sigue bendiciéndonos y espera derramar sus bendiciones sobre nosotros, tantas que no habrá lugar para contenerlas.

La promesa del Señor sigue siendo válida: «Todo lo que pidáis al Padre en mi nombre, yo lo haré, para que el Padre sea glorificado en el Hijo.» (Juan 14:13.)

> *La oración cambia las cosas;*
> *mas nosotros, ciegos y sordos,*
> *ni queremos verlo ni queremos admitirlo.*
> *¡Qué bendición tan grande la de aquéllos*
> *que confían plenamente en Ti y en lo que Tú dices!*

¡Quiera Dios que de aquí en adelante seamos nosotros capaces de creer en Él con sencillez!

5

¿QUÉ ES LA ORACIÓN?

En cierta ocasión, en que D. L. Moody hablaba a un grupo de niños en Edimburgo, para mantener su atención les hizo la siguiente pregunta: «¿Qué es la oración?». La hizo sin esperar respuesta, pues es en realidad lo que pretendía era que, al no saber ellos como contestar, le dieran a él ocasión de explicárselo.

Sin embargo, quedó asombrado al ver que docenas de manos diminutas se levantaban por toda la sala, dispuestas a aceptar el «reto». No tuvo más remedio que señalar a uno para que diera la respuesta; y la respuesta fue clara y transparente: «La oración es plantear a Dios nuestros deseos, respecto a las cosas que son conforme a su voluntad, en el nombre de Jesús, confesando nuestros pecados y reconociendo agradecidos su misericordia». Moody no podía creer lo que estaba oyendo. Se quedó maravillado y no pudo por menos que exclamar: «Da gracias a Dios, hijo, de que naciste en Escocia».[1] Pero esto fue hace casi cien años. ¿Cuántos niños ingleses, escoceses o norteamericanos podrían dar hoy esta misma clase de definición sobre la oración? Piense usted, lector, por un momento y decida qué clase de respuesta daría usted.

¿Qué queremos decir con la palabra oración? Creo que la mayoría de los creyentes contestaría: «La oración es pedir cosas a Dios». Pero, sin duda la oración es mucho más que meramente «intentar» que Dios vaya concediéndonos deseos y haciendo cosas «por nosotros», como suele hacer un pobre cuando llama a la puerta de un rico.

La palabra «oración» significa en realidad «deseo dirigido hacia», es decir, hacia Dios. Toda oración verdadera busca a Dios, porque es de Dios que obtenemos todo lo que necesitamos. La oración es, simplemente, «el alma volviéndose a Dios». David describe la oración como la elevación del alma hacia el Dios viviente. «A ti ¡oh Jehová, levanta-

---

[1] El sentido de esta observación por parte del gran predicador quiere decir que aquel niño, por el hecho de haber nacido en Escocia, un país cristiano, había tenido el privilegio de asistir a una escuela cristiana, donde había aprendido sobre la oración, privilegio que en aquella época no compartían millones de niños nacidos en los países del tercer mundo.

rá mi alma» (Salmo 25:1). ¡Qué descripción tan maravillosa de lo que es la oración! ¿Cuándo deseamos que el Señor Jesús mire a nuestras almas, deseamos también que halle en nosotros la belleza de la santidad? ¿Cuándo elevamos nuestras almas a Dios en oración, le damos al mismo tiempo la oportunidad de que Él haga su voluntad en nosotros y con nosotros. Orar no es pedir cosas a Dios, es ponernos a la disposición de Dios. Dios está siempre a nuestro lado, pero nosotros no siempre estamos en el suyo. Cuando el hombre ora, lo que hace es dar a Dios una oportunidad de obrar en él. Un poeta lo expresó de ese modo:

> *La oración es el sincero deseo del alma,*
> *expresado o inexpresado.*
> *El movimiento de un fuego oculto,*
> *que está ardiendo del pecho*
> *y lo hace temblar.*

Y un místico judío exclamó en cierta ocasión: «La oración es el momento sublime en que se besan el cielo y la tierra».

La oración no consiste, por tanto, en persuadir a Dios que haga lo que queremos. No es un intento de doblegar la voluntad del Omnipotente para ajustarla a la nuestra. No pretende cambiar los planes de Dios, aunque sí puede dar curso a su poder. «No debemos concebir la oración como algo que vence la resistencia divina, sino que algo encaminado a activar su complacencia», dijo el famoso arzobispo Trench.[2]

La voluntad de Dios es obrar siempre para bien nuestro. Ello hace que aún la oración presentada en la mayor ignorancia y ceguera no altere sus planes y siga obrando para bien. Puede suceder. No obstante, cuando oramos de un modo persistente por algo que redundará en nuestro perjuicio, nuestra insistencia puede inclinar la voluntad divina a concedérnoslo, aunque luego tengamos que sufrir las consecuencias. «Y Él les dio lo que le pidieron, mas envió mortandad sobre ellos» (Salmo 106:15). Aquí tenemos un caso concreto y evidente de oración en el que la súplica concedida resultó en su propio mal.

En la mente de algunos, la oración es sólo un último recurso para situaciones de emergencia. El peligro amenaza, la enfermedad acecha, lo necesario escasea, se levantan dificultades, entonces... ¡éste es el momento de orar! Como dice el refrán: «nos acordamos de orar sólo

---

[2] Richard Chenevix Trench (1807-1886), arzobispo anglicano, poeta, lexicógrafo e hispanista irlandés, considerado una de las mayores autoridades de todos los tiempos en la poesía de la Edad Media.

cuando nos hallamos en medio de la tempestad y es inminente el naufragio». Al parecer, para algunos, sólo los truenos, los relámpagos, y el mar embravecido son un buen estimulante para la oración.

La oración, sin embargo, es mucho más que pedir a Dios cosas; aunque esto sea también parte de la oración, y una parte importante, porque nos recuerda nuestra total dependencia de Dios. Pero la oración es más que pedir, es también comunión con Dios -es decir, relación íntima con Él- la oración es *hablar con Él*, no meramente *hablar a Él* como algunos erróneamente entienden. Sin embargo, para poder hablar con alguien, primero hemos de conocerle. Y eso mismo ocurre con Dios. El mayor éxito de la oración no consiste en que por medio de ella seamos librados de algo malo, o que consigamos la cosa deseada, sino más bien en el conocimiento más íntimo de Dios que obtengamos. «Y esta es la vida eterna, que te conozcan a Ti, el único Dios verdadero y a Jesucristo, a quien has enviado» (Juan 17:3). He aquí el gran secreto, la oración nos descubre más de Dios, y este descubrimiento es el más importante para el alma. Pues la mayoría de los seres humanos todavía claman a ciegas como Job: «¡Quién me diera el saber dónde hallar a Dios! Yo iría hasta su tribunal» (Job 23:3).

Pero el cristiano de rodillas siempre «encuentra» a Dios y es encontrado por Él. La visión celestial del Señor Jesús cegó los ojos de Saulo de Tarso en su accidentado camino hacia Damasco; pero el propio Pablo nos cuenta, después, que cuando estaba orando en el templo de Jerusalén cayó en un trance y vio a Jesús: «y le vi...» (Hechos 22:18). Y que fue entonces cuando Cristo le dio su gran comisión de ir a los gentiles. La visión es siempre la precursora de la vocación y la acción. Lo mismo ocurrió con Isaías: «Vi al Señor sentado sobre un trono alto y sublime (Isaías 6:1). Está bien claro que profeta estaba en el santuario orando cuando esto ocurrió. Esta visión fue también un llamamiento al servicio: «Ve...». De ello se desprende que, no podemos tener una visión de Dios a menos que estemos orando. Y cuando no hay visión el alma perece.

¡Una visión de Dios! El hermano Lawrence[3] dijo en cierta ocasión: «La oración no es nada más que un sentimiento de la presencia de Dios». Y esto es, precisamente, la práctica de la presencia de Dios.

Se cuenta que en cierta ocasión, un amigo de Horacio Bushnell tuvo el privilegio de ver como este gran hombre de Dios oraba. Y solamente el verlo, le hizo experimentar un sentimiento maravilloso

---

[3] Monje del siglo XVII de la Orden de los Carmelitas, admirado por su piedad y comunión con Dios y conocido en todo el mundo por su famosa obra devocional *La Práctica de la Presencia de Dios,* un clásico de la literatura religiosa cristiana editado en español por la Editorial CLIE.

de la cercanía de Dios. Más tarde, comentó: «Cuando Horacio tenía el rostro hundido entre las manos y oraba yo, sentía miedo de alargar la mano en la oscuridad, no fuera que tocara a Dios». ¿Era el Salmista consciente de un pensamiento semejante cuando dijo: «Mi alma reposa solamente en Dios»? (Salmo 62:5). Creo que gran parte de nuestro fracaso en la oración es debido al hecho de que no nos hemos planteado correctamente esta pregunta: «¿qué es la oración»? Tener conciencia de que estamos constantemente en la presencia de Dios es bueno; contemplarle en adoración, es mucho mejor; pero lo mejor de todo es estar en comunión con Él como con un Amigo; y esto sólo es posible en oración.

La oración verdadera, en su expresión más elevada, revela a un alma que está sedienta de Dios y sólo de Dios. La oración verdadera sale de los labios de aquellos cuyo anhelo está puesto en las cosas de arriba. ¡Qué gran hombre de oración fue el conde de Zinzendorf[4]! ¿Por qué? Porque buscaba al Dador de los dones en vez de buscar los dones. Dijo: «Sólo tengo una pasión: Él, y nada más que Él». Incluso los mahometanos parecen expresar muy bien este pensamiento cuando dicen que hay tres grados de oración: el inferior, que se expresa con los labios; el medio, que tiene lugar cuando concentramos nuestros pensamientos en las cosas divinas; y el elevado, que se produce cuando el alma encuentra difícil separarse de Dios.

Dios nos manda que le «pidamos», y naturalmente, todos le obedecemos en este punto; y, sin duda, no podemos dudar que esto le agrada y nos proporciona todas las necesidades. Pero ninguno de nosotros calificaría como un buen hijo a aquel que sólo buscara la presencia de su padre cuando deseara obtener de él alguna cosa. O ¿acaso no deseamos todos elevar nuestro nivel de oración a un grado más alto que la mera petición? ¿Cómo debe hacerse?

Mi punto de vista es que se necesitan sólo dos pasos, o podríamos decir dos pensamientos. En primer lugar, una mejor comprensión de la gloria de Dios, y en segundo lugar, de la gracia de Dios.

A veces cantamos;

Hay gracia y hay gloria que manan de Ti
permite Señor que me alcancen a mí.

Este deseo no es nada extraño, a pesar de que algunos quizá se pregunten qué tiene que ver la gloria y la gracia de Dios con la ora-

---

[4] Nicholas Ludwig von Zinzendorf (1662-1700), noble alemán, reconocido por su piedad y protector del movimiento de los Hermanos Moravos que se instalaron en sus territorios huyendo de la persecución.

ción. Pero deberíamos hacer memoria respecto a quién es que estamos orando. Por ello pienso que tiene mucha lógica el verso que dice:

> *No olvidemos que nos presentamos*
> *ante un monarca,*
> *del cual nunca agotaremos,*
> *por más que le pidamos,*
> *los tesoros de su arca.*

¿Cree alguien que es posible excederse y pasar demasiado tiempo ponderando a y aún maravillándose de la elevada e inmensa gloria de Dios? Y ¿hay alguien que tenga el atrevimiento de pretender haber comprendido el significado completo de la palabra «gracia»? Nuestras oraciones resultan a menudo ineficaces e infructuosas; y aún a veces, no son ni tan siquiera oración, porque las hacemos apresuradamente sin pensar lo que decimos y sin preparación alguna, sin tener en cuenta que estamos en la presencia de Dios, y sin considerar las insondables riquezas de su gloria en Jesucristo, de las cuales esperamos recibir algo. Debemos pensar en «la magnificencia de Dios».

Quiero, pues, sugerir que antes de presentar nuestras peticiones a Dios, primero meditemos en su gloria y luego en su gracia -porque nos ofrece las dos-. Debemos elevar nuestra alma a Dios. Presentémonos ante Dios y dirijamos nuestra oración al Rey de Reyes y Señor de Señores, quien es el «único que posee inmortalidad, que habita en luz inaccesible, a quien ninguno de los hombres ha visto ni puede ver, al cual sea la honra y el dominio sempiterno» (1ª Timoteo 6:16). Démosle adoración y alabanza basada en su gloria inmarcesible. No basta con la consagración, hemos también de adorarle. «Santo, Santo, Santo, es Jehová de los ejércitos», exclamaban los serafines, «toda la tierra está llena de su gloria» (Isaías 6:3). «Gloria a Dios en las alturas», clamaban, «toda la multitud de los ejércitos celestiales» (Lucas 2:14). Y pesar de ello, muchos tratamos de presentarnos ante Dios y entrar en comunión sin pensar «en quitarnos los zapatos de los pies» (Éxodo 3:5). Muchos son los labios que claman: «Señor ten misericordia de mí», pero que nunca se acuerdan de decir: «Alabado sea Dios».

> *¡Venid adoremos!*
> *¡Venid adoremos!*
> *¡Venid adoremos a Cristo el Señor!*

Y lo más maravilloso y sorprendente es que podemos acercarno ante su gloria osadamente. ¿No oró el Señor para que los discípulos pudieran contemplar su gloria? (Juan 27:24). ¿Por qué? Y, ¿por qué está toda la tierra llena de su gloria? Los telescopios revelan la infinita gloria de Dios en el gigantesco universo exterior. Los microscopios muestran lo inenarrable de la gloria de Dios en las cosas más pequeñas. Incluso a simple vista, contemplamos con nuestros ojos esta gloria incomparable en el paisaje, en el mar, en el cielo. ¿Qué significa todo esto? Estas cosas no son sino una revelación parcial de la gloria de Dios. No fue un deseo de ostentación lo que llevó a nuestro Señor a orar: «Padre glorifica a tu Hijo... glorifícame Tú» (Juan 17:1,4). Jesús quería que comprendiéramos el poder ilimitado y la infinita bondad de Dios, para que podamos acercarnos a Él con fe y confianza.

Anunciando la venida de Cristo el profeta Isaías declaró que «se manifestará la gloria de Jehová, y toda carne juntamente le verá» (Isaías 40:5). En consecuencia, si queremos orar bien, antes debemos echar una breve mirada, aunque sea, a la gloria de Dios. Es por esto que el Señor dijo: «Cuando oréis, decid: Padre nuestro que estás en los cielos (es decir, en el reino de la gloria), santificado sea tu nombre». No hay nada comparable a una mirada a la gloria de Dios para desvanecer todo el miedo y la duda que nos atenaza. Aunque algunas almas devotas no precisan de esta ayuda. Se nos dice que Francisco de Asís pasaba frecuentemente una hora o dos en oración en la cumbre del Monte Averno, durante las cuales sólo se escapaba de sus labios, de vez en cuando, la palabra «Dios». Empezaba con la adoración... y frecuentemente terminaba con ella.

Pero la mayoría necesitamos ayuda para comprender la gloria del Dios invisible antes de que podamos alabarle y adorarle de modo adecuado. William Law[5] dijo: «Cuando empieces a orar, usa expresiones de los atributos de Dios tales que te hagan sentir su grandeza y poder». Esto es de gran importancia, hasta el punto que creo que vale la pena ayudar al lector con algunos ejemplos.

Hay cristianos que empiezan el día dando una mirada hacia lo alto y diciendo: «Gloria sea el Padre, y al Hijo y al Espíritu Santo». La oración «¡Oh Señor tres veces santo, oh Señor todopoderoso, oh santo y misericordioso Salvador!», es a veces suficiente para imponernos una actitud de reverencia y un espíritu de adoración en el alma. El «Gloria in Excelsis» del Servicio de Comunión, es también altamente elevador: «Gloria a Dios en las alturas y en la tierra paz... te alabamos, te bende-

---

[5] William Law (1686-1761), famoso clérigo anglicano y escritor inglés que se negó a jurar obediencia a la dinastía de los Hannover a la muerte de la reina Anna. Por lo que se le prohibió ejercer el ministerio de predicar, y lo hizo dedicándose a predicar a través de sus libros encaminados a fomentar la piedad cristiana.

cimos, te glorificamos, oh Señor Dios, Rey de los Cielos, Dios y Padre Omnipotente». ¿Quién es capaz de rendir una alabanza así desde el corazón sin sentirse conmovido y consciente de la misma presencia y maravillosa majestad del Señor Dios Todopoderoso? También una estrofa de un himno puede servir para este propósito:

¡Santo, santo, santo! Señor omnipotente,
siempre el labio mío loores te dará.
¡Santo, santo, santo! Te adoro reverente
Dios en tres Personas, bendita Trinidad.

o bien:

¡Santo, santo, santo! Por más que estés velado
con sombras, y el hombre no te pueda mirar,
Santo tú eres solo, y nada hay a tu lado
en poder perfecto, pureza y caridad.

Tenemos que entonar y hacer nuestro con mayor frecuencia el *Magníficat*, las palabras del cántico de María: «Engrandece mi alma al Señor, y mi espíritu ha saltado de gozo en Dios mi Salvador» (Lucas 1:46,47). Y captar mejor el espíritu del Salmista al entonar: «Bendice alma mía a Jehová, y bendiga todo mi ser su santo nombre» (Salmo 103:1). Cuando aprenderemos que «En su templo todo proclama su gloria» (Salmo 29:9) y proclamemos nosotros también: ¡Gloria!

Esta adoración a Dios y esta alabanza y acción de gracias, no sólo nos sitúa en el espíritu de oración, sino que de alguna manera misteriosa mueve a Dios a obrar en nuestro favor. No olvidemos las maravillosas palabras del salmo cincuenta: «El que ofrece sacrificios de alabanza, me glorifica; y al que ordene su camino, le mostraré la salvación de Dios» (Salmo 50: 23). La alabanza y la acción de gracias no sólo abren las puertas del cielo para que podamos acercarnos a Dios, sino que «preparan el camino» para que Dios nos bendiga. Pablo dice a los Filipenses: «¡Gozaos en el Señor siempre!», antes de decir: «Orad sin cesar.» Así que, nuestra alabanza, lo mismo que nuestras oraciones, no deben cesar nunca.

Al resucitar a Lázaro, las primeras palabras de la oración de Jesús fueron de acción de gracias: «Padre, gracias te doy por haberme oído» (Juan 11:41). Lo dijo por los que estaban alrededor. Sí, y para que lo oyéramos nosotros también.

Es posible que te preguntes por qué razón debemos dar gracias a Dios específicamente por su gloria cuando nos arrodillamos en oración; y porque debemos pasar tiempo pensando y contemplando esta gloria. Pero, ¿no es acaso el Rey de gloria? Todo lo que es, es gloria, y todo lo que hace es glorioso. Su santidad es gloriosa (Éxodo 15:11). Su nombre es glorioso (Deuteronomio 28:58). Su obra es gloriosa (Salmo 111:3). Su poder es glorioso (Colosenses 1:11). Su voz es gloriosa (Isaías 30:30).

Todas las cosas hermosas
todas las criaturas maravillosas
todas las cosas pequeñas y grandes
sabias y buenas
sin faltar una
las hizo Él.

Y las hizo para su gloria. «Porque de Él, y por Él, y para Él, son todas las cosas. A Él sea la gloria por los siglos. Amén» (Romanos 11:36).

Y éste es el Dios que nos manda que nos acerquemos a Él en oración. Este Dios es nuestro Dios, y tiene «dones para los hombres» (Salmo 68:18). Dios dice: «todos los llamados de mi nombre; a los que para gloria mía he creado, los formé y los hice» (Isaías 43:7). Su iglesia ha de ser «gloriosa, que no tenga mancha ni arruga ni cosa semejante» (Efesios 5:27). ¿Te has dado cuenta, lector, de que Jesucristo desea que compartamos con Él su gloria? Éste es un gran don para ti, para mí, y para todos los que hemos sido redimidos por su sangre. Créeme, cuanta más gloria de Dios compartamos, menos dones le pediremos. Tenemos acceso a la gloria de Dios no sólo «cuando venga para ser glorificado en aquel día en sus santos» (2ª Tesalonicenses 1:10), sino ya hoy. Él desea que compartamos su gloria. ¿No fue esto lo que dijo el Señor Jesús: «y yo les he dado la gloria que me diste», en Juan 17:22? ¿Qué es lo que nos manda Dios? «Levántate, resplandece; porque ha venido tu luz, y la gloria de Jehová ha amanecido sobre ti.» Y más aún: «sobre ti amanecerá Jehová, y sobre ti será vista su gloria» (Isaías 60:1,2).

Lo que Dios desea es que los que nos rodean digan de nosotros como Pedro dijo de los discípulos de su tiempo: «El Espíritu de gloria y de Dios reposa sobre vosotros» (1ª Pedro 4:14). ¿No sería ésta una respuesta a la mayor parte de nuestras oraciones? ¿Podríamos pedir algo mejor? ¿Cómo podemos conseguir esta gloria? ¿Cómo podemos reflejarla? Sólo como resultado de la oración. Es cuando oramos que el Espíritu Santo toma las cosas de Cristo y nos las revela (Juan 16:15).

Fue cuando Moisés oró diciendo: «Muéstrame, te ruego, tu gloria» que, no tan sólo vio someramente esa gloria, sino que compartió algo de ella, porque su propio rostro resplandecía con la luz de la misma (Éxodo 33:18;34:29). Y cuando nosotros contemplemos «la gloria de Dios en la faz de Jesucristo» (2ª Corintios 4:6), veremos no sólo algo de esta gloria, sino que asumiremos también algo nosotros mismos.

En esto consiste la oración, y estos son los altos resultados de la oración. Y no hay otra manera de asegurarnos esta gloria, a menos que Dios pueda ser glorificado en nosotros (Isaías 40:21).

Meditemos con más frecuencia en la gloria de Cristo, contemplémosla y así la reflejaremos y la recibiremos. Esto es lo que les ocurrió a los primeros discípulos del Señor. Dijeron con asombro «¡Contemplamos su gloria!». Sí, pero ¿qué vino después? Unos pocos pescadores humildes, analfabetos y oscuros, compartieron unos meses con Jesús, viendo su gloria; y he aquí que también recibieron algo de ella, hasta el punto que los otros se maravillaban, y «notaron que habían estado con Jesús» (Hechos 4:13). Cuando podamos declarar que «verdaderamente nuestra comunión es con el Padre, y con su Hijo Jesucristo» (1ª Juan 1:3), la gente dirá de nosotros lo mismo: «Han estado con Jesús».

Al elevar nuestra alma al Dios vivo en oración, obtenemos la belleza de la santidad, lo mismo que una flor se embellece si es acariciada por el sol. ¿No fue el mismo Señor transfigurado mientras oraba? Cuando la oración ocupe el lugar apropiado en nuestras vidas, tendremos nuestro Monte de la Transfiguración, la expresión de nuestro rostro cambiará, y los demás verán en nuestro rostro «el signo visible y externo de una gracia espiritual interior». Nuestro valor ante Dios y ante los hombres está en proporción directa a la medida en que reflejamos la gloria de Dios en otros.

Hemos hablado extensamente de la gloria de Dios a quien oramos y pienso que es momento ya de hablar también de su gracia.

¿Qué es la oración? Es una señal inequívoca de vida espiritual. Me extrañaría menos ver a un muerto dar señales de vida, que ver a un alma que no ora dar señales de vida espiritual. Nuestra espiritualidad y nuestro fruto están siempre en proporción a la autenticidad de nuestras oraciones. Si, pues, nos hemos alejado, como el hijo pródigo, del hogar, en lo que respecta a la oración, debemos tomar de inmediato su misma resolución: «Me levantaré e iré a mi Padre y le diré: Padre...».

Pero llegando a este punto, detengo la pluma, porque veo un papel sobre la mesa que dice: «La causa de nuestro fracaso es que vemos a los hombres antes que a Dios». El Catolicismo Medieval tembló en sus cimientos cuando Martín Lutero vio a Dios. El «Gran Despertamiento» tuvo lugar cuando Jonathan Edwards[6] vio a Dios. El mundo entero se transformó en la parroquia de un solo hombre, cuando John Wesley[7] vio a Dios. Multitudes enteras fueron salvas cuando Whitefield vio a Dios. Millares de huérfanos recibieron cobijo y alimento cuando George Muller[8] vio a Dios. Y ese Dios es «el mismo ayer, hoy y por los siglos».

Ya es hora de que experimentemos, aunque sea una somera visión de Dios, de Dios en la plenitud su gloria. ¿Quién puede decir lo que ocurriría si la Iglesia viera a Dios? Pero no esperemos a los otros. Que cada uno de nosotros, por sí mismo, con la cara descubierta, sin velos y con el corazón puro, procure obtener esta visión de la gloria de Dios.

«Bienaventurados los de puro corazón porque ellos verán a Dios» (Mateo 5:8). De todas las personas que he conocido nadie me ha impresionado tanto como el doctor Wilbur Chapman[9]. Chapman escribió en cierta ocasión a un amigo en los siguientes términos:

«He aprendido lecciones muy importantes respecto a la oración. En una de nuestras misiones en Inglaterra el público que acudía era muy limitado. Pero recibí una nota que decía que nos visitaría un misionero norteamericano que iba a pedir la bendición de Dios sobre nuestra obra, alguien -me dijeron- a quien se conocía como "Hyde, el que ora". Casi de inmediato, las cosas cambiaron. La sala estaba llena, y a mi primera invitación se levantaron cincuenta hombres y aceptaron a Cristo como su Salvador. Cuando nos marchábamos, dije: "Mr. Hyde, quiero que ore usted por mí". Vino a mi habitación, cerramos la puerta con llave, nos arrodillamos y así nos quedamos durante unos cinco minutos, Hyde no dijo una sola palabra. Yo podía sentir mi propio corazón latiendo y mi pulso en varios lugares a la vez. Noté que de mis ojos comenzaban a brotar abundantes lágrimas que me iban resbalando ardientes por la cara. Luego, Mr. Hyde, con el rostro vuelto

---

[6] El primer «Great Awakening» conocido en español como el«Gran Despertamiento» tuvo lugar en Estados Unidos entre 1730-1740 como resultado de la predicación de Jonathan Edwards y cambió por completo el panorama religioso en América.

[7] John Wesley (1703-1791) fundador, juntamente con su hermano Carlos, del movimiento metodista.

[8] George Muller (1805-1896) evangelista inglés y fundador de una cadena de orfanatos en Bristol (Inglaterra) por lo que se le conoce como George Muller de Bristol. Educó a más de 100.000 huérfanos manteniéndolos exclusivamente a través de un ministerio de fe por medio de la oración.

[9] John Wilbur Chapman (1859-1918) pastor y evangelista norteamericano de origen presbiteriano. Fue director de la famosa Conferencia de Winona Lake. Escribió varios himnos famosos.

al cielo, dijo: "¡Oh, Dios!". Y durante los siguientes cinco minutos no dijo nada más. Luego, cuando sintió la certeza de que estaba en la presencia de Dios, salieron del fondo de su corazón peticiones para los hombres como yo no había escuchado jamás. Me levanté sabiendo lo que era realmente orar. Ahora sé que la oración es poderosa, y lo creo como nunca lo había creído antes».

El doctor Chapman acostumbraba decir:

«Fue ese período de oración con John Hyde que me hizo comprender lo que la oración era realmente. Le debo a él más de lo que debo a ningún otro hombre, por haberme mostrado lo que es la vida de oración y consagración... Para mí, Jesucristo pasó a ser un nuevo ideal, y pude entender someramente lo que debió ser Su vida de oración; desde entonces he sentido el anhelo de ser un verdadero hombre de oración, anhelo que mantengo hasta el día de hoy».

Quiera, pues, el Espíritu Santo de Dios enseñarnos que:

Todos aquellos cuya vida espiritual languidece
y se lamentan de su falta de poder para obrar
es porque han tenido que escuchar de Cristo:
¿ni una hora conmigo fuisteis capaces de velar?

Para dar fruto y tener bendición
en nuestra vida y en nuestro trabajo,
no es posible pasar por un atajo:
el único camino es la oración.

6

¿CÓMO DEBEMOS ORAR?

¿Cómo debemos orar? No hay pregunta más importante entre todas las que puede hacerse un cristiano que ésta: ¿Cómo debo acercarme al Rey de gloria?

Cuando leemos las promesas de Cristo respecto a la oración, cabe pensar que quizás puso demasiado poder en nuestras manos; a menos que, malogradamente, lleguemos a la conclusión precipitada de que es imposible que sus promesas sean reales y verdaderas. Pues nos dice que pidamos: «todo», «cualquier cosa», «lo que queráis», y os será hecho.

El problema está en que pasamos por alto una «coletilla» que condiciona toda la dimensión de la promesa. Dice que debemos pedirlo en su nombre. Ésta es la condición; en realidad, la única condición; aunque, como veremos más adelante, se presenta a veces en diferentes formas.

Si pedimos y no recibimos, lo más probable es que no hemos cumplido esta condición. Por tanto, si somos verdaderos discípulos suyos -y somos sinceros- debemos esforzarnos (con especial interés) en descubrir lo que significa pedir en su nombre; y no descansar hasta que hayamos cumplido esta condición. Leamos la promesa otra vez para estar seguros de que la entendemos correctamente: «y cualquier cosa que pidáis al Padre en mi nombre, la haré, para que el Padre sea glorificado en el Hijo. Si me pedís algo en mi nombre, yo lo haré» (Juan 14:13,14).

Da la sensación de que para los discípulos, esto era algo completamente nuevo, porque, como el mismo Señor Jesús dijo: «Hasta ahora, nada habéis pedido en mi nombre, pedid y recibiréis, para que vuestro gozo esté completo» (Juan 16:24).

Y cinco veces más repite el Señor esta simple condición: «En mi nombre» (Juan 14:13,14;15:16;16:23,24,26). Es evidente, por tanto, que ha de ser algo de suma importancia. Y lo es, porque pedir las cosas «en su nombre» es más que una condición, es también una promesa, un estímulo; puesto que lo que el Señor manda es algo que es posible.

¿Qué hay pues en este «pedir en su nombre»? Hemos de averiguarlo a toda costa, porque en ello está el secreto de todo el poder en la oración, y es fácil hacer un uso equivocado de estas palabras. El Señor dijo: «Muchos vendrán en mi nombre, diciendo: Yo soy el Cristo y engañarán a muchos» (Mateo 24:5). Podía muy bien haber dicho, también: «Y muchos pensarán que están rogando al Padre en mi nombre, y se engañarán a sí mismos».

¿Significa, pues, pedir en su nombre, simplemente añadir a nuestras peticiones en oración las palabras: «y todo esto lo pedimos en el nombre de Jesucristo»?

Para muchas personas, al parecer, es así. Pero, ¿acaso no hemos escuchado más de una vez -o lo que es peor, ofrecido nosotros mismos- oraciones llenas de egoísmo que han terminado «en el nombre de Jesús, Amén»?

Dios no podía contestar las oraciones a las que Santiago se refiere en su epístola por el mero hecho que los que oraban las ofrecían «en el nombre de Jesús». Estos cristianos pedían mal (Santiago 4:3).

¡Una oración errónea no puede enderezarse por el mero hecho de añadirle a la misma alguna frase mística! Por la misma razón que oración correcta no deja de serlo porque se omitan algunas palabras. ¡No! Es algo más que una mera cuestión de palabras. Cuando Nuestro Señor dijo pedid «en mi nombre» estaba pensando en fe y en hechos más que en palabras o fórmulas. El objeto principal de la oración es glorificar al Señor Jesús. Hemos de pedir en el nombre de Cristo «para que el Padre sea glorificado en el Hijo» (Juan 14:13). Es decir, cuando pedimos no hemos de ir en busca de riquezas o salud, prosperidad o éxito, facilidad y comodidad, espiritualidad o fecundidad en el servicio, simplemente buscando nuestro propio beneficio o prestigio, sino únicamente por amor de Cristo, para su gloria.

Vamos a ir, pues, por puntos, paso a paso, para ver si avanzamos en el conocimiento de estas palabras tan importantes: «en mi nombre».

1. Hay un sentido real en el hecho de que algunas cosas son hechas sólo por «amor de Cristo» a causa de su muerte expiatoria. Los que no han creído en la muerte expiatoria de Cristo no pueden rogar en «su nombre». Pueden usar las palabras, pero no surten efecto. Porque somos «justificados por su sangre» (Romanos 5:9), y «tenemos redención por su sangre, y el perdón de los pecados» (Efesios 1:7; Colosenses 1:14). En estos días en que el unitarismo, bajo el nuevo nombre de modernismo teológico, ha invadido todas las denominaciones cristianas, es de la mayor importancia recordar el lugar y la obra de la sangre de Cristo derramada. De no hacerlo, la oración -así llamada- se convierte en una decepción y un engaño.

Vamos a ilustrar este punto con un hecho de la vida real que tuvo lugar al principio del ministerio de D. L. Moody. La esposa de un juez no creyente -un hombre de grandes dotes intelectuales- pidió a Moody (entonces todavía un simple empleado de comercio en Chicago) que hablara con su marido. Pero Moody, tenía serias dudas sobre si estaría al nivel intelectual suficiente como para de poder argumentar con el esposo. Finalmente, fue a verle, y le dijo claramente que no deseaba debatir con él, «pero», le dijo, «si usted se convierte, ¿me promete que me lo hará saber?» El juez se puso a reír y contestó con ironía: «Oh, sí, no se preocupe. Si me convierto se lo haré saber inmediatamente». Moody no dijo nada más, simplemente puso su confianza en la oración, y el juez se convirtió antes de acabar el año. Cumplió su promesa y fue a contarle a Moody cómo había sucedido. «Un día en que mi esposa había ido a una reunión de oración -dijo- empecé a sentirme incómodo y desgraciado. Me fui a la cama antes de que regresara. Pero aquella noche no pude dormir. A la mañana siguiente le dije a mi esposa que no quería desayunar y que me marchaba a la oficina. Les dije a los escribientes que se podían tomar un día de fiesta, y me encerré en mi despacho privado. Me sentí cada vez peor. Finalmente caí de rodillas y le pedí a Dios que me perdonara mis pecados, pero no quería decir en el "nombre de Jesús", porque asistía a una iglesia unitaria y no creía en la expiación. En agonía mental seguí repitiendo "¡Oh, Dios, perdona mis pecados!", pero no había respuesta. Al fin, desesperado, grité: "Oh, Dios, perdona mis pecados en el nombre de Cristo". Entonces, obtuve la paz al instante.»

Ese juez no tuvo acceso a la presencia de Dios hasta que pidió ser admitido en el nombre de Jesucristo. Cuando lo hizo en el nombre de Jesús fue escuchado y perdonado. Y aquí hay algo que debemos tener muy claro; orar en «el nombre de Jesús» es pedir «por la sangre de Cristo» y los méritos «comprados» por ella. Sólo podemos atrevernos a entrar «en el lugar Santo por la sangre de Jesucristo» (Hebreos 10:19). No hay otra entrada posible.

Pero, esto no es todo lo que encierran las palabras «en su nombre». La ilustración más popular con respecto a presentar nuestras peticiones a Dios en el «nombre de Cristo» es la de sacar dinero de un banco. Puedo sacar dinero de mi cuenta corriente de un banco sólo si tengo ese dinero depositado en ella a mi nombre, ésta es una condición indispensable. Supongamos el caso de que necesito un dinero con urgencia; pero yo no tengo ningún dinero depositado a mi nombre en el Banco de Inglaterra, por tanto no puedo sacar del mismo un centavo. Pero, supongamos que tengo un amigo rico que sí tiene una cuenta corriente en ese banco, y mucho dinero depositado en ella. Me da un cheque que lleva su firma, y me dice que ponga yo la cantidad y que lo vaya a cobrar. Se trata de un buen amigo, y sé que quiere ayudarme. ¿Qué cantidad voy a escribir en el cheque: únicamente lo que realmente necesito, o, con el cheque firmado en mi poder voy a aprovechar la ocasión para hacerme con una cantidad astronómica? ¿Vaya ofender a mi amigo abusando de su confianza?

Apliquemos ahora la ilustración. Se nos dice que el cielo es nuestro banco y Dios nuestro banquero, porque «toda buena dádiva y todo don perfecto viene de arriba, desciende del Padre» (Santiago 1:17). Necesitamos un «cheque» para sacar dinero de ese banco sin límites. El Señor Jesús nos da un cheque en blanco con la oración: «Llenadlo», nos dice, «poniendo la cantidad vosotros mismos; pedid "lo que sea", "lo que queráis", y lo tendréis. Presentad el cheque a mi Padre en mi nombre y vuestra petición será honrada». Digámoslo en las palabras de un evangelista de hoy. «Esto es lo que sucede cuando -en oración- voy al banco del cielo. No tengo nada depositado allí; no tengo crédito alguno; si voy "en mi nombre" no obtendré nada. Pero Jesucristo tiene en el cielo un crédito ilimitado, y me ha concedido el privilegio de ir en su nombre, o sea con un cheque firmado suyo; y cuando voy en estas condiciones, mis oraciones serán contestadas, sea cual sea la cantidad. El orar, pues, en el nombre de Cristo, no es pedir a cuenta de mi crédito, sino a cuenta del suyo.»

Todo esto suena magnífico, y en un sentido lo es, y es verdadero.

Tratemos de explicarlo mejor. Si los cheques fueran a cuenta de un gobierno o de una gran compañía, alguien desconocido y rico, con quién no mantenemos ninguna relación y que sólo nos dará una oportunidad, podríamos sentirnos tentados a poner una buena cantidad. Pero, recordemos que vamos a un Padre amante al cual se lo debemos todo, a quien amamos de todo corazón, y a quien podemos acudir innumerables veces. Al presentar cheques en el banco del cielo lo que queremos, ante todo, es su honor y gloria. Deseamos hacer todo lo que sea agradable a sus ojos. Y tratar cobrar cierto tipo de cheques «personales» -buscar respuesta a algunas oraciones egoístas- traería, sin duda, deshonra a su nombre, y con ello, descrédito y aflicción para nosotros. Aunque sus recursos son inagotables, su honra puede verse ofendida. Y en tal caso, no puede haber respuesta.

Pero, mejor que todos los argumentos y ejemplos es, sin lugar a dudas, la experiencia personal. Querido lector, ¿acaso no hemos todos, -sin excepción- intentado en más de una ocasión pedir en oración cosas en las que hemos tenido un fracaso?

¿Cuántos no hemos vuelto, en más de una ocasión, del banco del cielo sin haber obtenido lo que queríamos, aunque lo pedíamos, al parecer, en el «nombre de Cristo»? ¡Todos! ¿Por qué hemos fallado? Fue porque no tratamos honestamente de saber cual era la voluntad de Dios para nosotros. Hemos de procurar no exceder su voluntad.

¿Puedo contar una experiencia personal que nunca antes había contado en público y que creo que es probablemente única? Me ocurrió hace unos treinta años. Es una ilustración espléndida de lo que estamos tratando de aprender sobre la oración.

Un amigo de buena posición económica, y muy ocupado, deseaba darme una libra esterlina, para un determinado objetivo. Me invitó a su oficina y, con prisas, escribió un cheque por la cantidad. Dobló el cheque y me lo entregó diciendo: «Toma. Puede ir a cobrarlo». Al llegar al banco lo entregué al cajero (después de firmarlo por detrás), sin tan siquiera mirar el importe. El que me miró a mí fue el cajero: «Esta cantidad -me dijo con brusquedad- es muy importante para entregarla en metálico». «Sí, claro…», le respondí, riendo: «Una libra esterlina». «No, no», me contestó: «¡Mil libras esterlinas!».

Volví a tomar el cheque. Era verdad. Mi amigo, acostumbrado sin duda a emitir cheques importantes, había escrito una cantidad por otra. ¿Qué iba a hacer? Desde el punto de vista legal el cheque era correcto, y era mío. Todo estaba en orden. Podía exigir que me entregaran las mil libras esterlinas. Pero el cheque no reflejaba la intención del emisor, el cual, yo sabía que quería darme una libra.

Se trataba de mi amigo, un amigo generoso, según me había demostrado en otras ocasiones. Sabía lo que él quería, su deseo, su voluntad, y ésta era de una libra esterlina, nada más.

Le devolví el cheque y recibí otro por valor de una libra. Aún si el cheque que me había dado hubiera sido en blanco, yo habría escrito una libra, porque sabía que él quería que escribiera una libra.

No creo que sea necesario sacar conclusiones. Dios tiene una voluntad específica para cada uno de nosotros y a menos que procuremos conocer esa voluntad, fácilmente podemos caer en el error de escribir mil en vez de uno, que es la cantidad que Él sabe es mejor para nosotros.

Cuando oramos, nos acercamos a un Amigo, a un Padre amante. Se lo debemos todo a Él. Y nos manda que acudamos a Él siempre que necesitemos algo. Sus recursos son infinitos. Pero nos manda también recordar que debemos pedir sólo las cosas que sean de acuerdo con Su voluntad, es decir, aquellas cosas que dan gloria y honor a su nombre. Juan dice: «Si pedimos alguna cosa conforme a su voluntad Él nos oye» (Juan 5:14). De modo que nuestro Amigo nos da un cheque en blanco, y nos lo deja llenarlo con «lo que sea», pero sabe que si de veras le amamos, nunca escribiremos -nunca pediremos- las cosas que Él no tiene intención de darnos, porque nos serían perjudiciales.

Aunque a veces, con algunos, sucede todo lo contrario. Dios nos da un cheque en blanco y nos dice que pidamos diez libras, y nosotros pedimos una. ¿No se sentiría nuestro Amigo ofendido si le tratáramos de esta manera? ¿Pedimos bastante? ¿Nos atrevemos a pedir «conforme a las riquezas de su gloria»?

El punto que tratamos de establecer, por tanto, es éste: no podemos estar seguros que oramos «en su nombre» a menos que sepamos cual es su voluntad para nosotros.

2. Pero aún con esto no agotamos todos los significados de la expresión «en mi nombre». Todos sabemos lo que es pedir algo «en nombre» de otro. Pero raramente permitimos que nadie, que no sea bien conocido, use nuestro nombre, porque podría abusar nuestra confianza y causarnos descrédito. Guejazi, el criado de Eliseo, en quien él tenía toda su confianza, usó el nombre de Eliseo de modo fraudulento para correr detrás de Naaman y, en nombre de Eliseo, obtener del sirio, presentes. Pero con ello, lo único que consiguió es que por causa de su pecado se le pegara la lepra a él.

Un apoderado o empleado de confianza, usa el nombre de su patrón para manejar grandes sumas como si fueran suyas. Pero, esto ocurre en tanto que se le considera digno de confianza, y usa el dinero para los intereses de su patrón, no para él mismo. Todo nuestro dinero pertenece a nuestro Maestro, Jesucristo. Por tanto, podemos acudir a Dios, sin limitaciones, a buscar recursos en su nombre, siempre y cuando los usemos para su gloria.

Cuando voy a cobrar a un banco un cheque emitido por otro a mi nombre, el banquero exige tan sólo que la firma del depositario sea auténtica, y que yo sea la persona a nombre de la cual está escrito el cheque. No pide datos respecto a mis antecedentes o a mi situación financiera. No exige que yo aporte referencias sobre mi carácter y moralidad, ni trata de averiguar si voy a usar el dinero debidamente. Pero, el banco del cielo no funciona de la misma manera, y éste es un punto de gran importancia sobre el que vale la pena meditar y estudiar pausadamente. Cuando acudo al banco del cielo, en nombre de Jesucristo, a cobrar un cheque de la cuenta de sus inagotables riquezas en gloria, Dios exige que yo sea digno de cobrarlo. No digno en el sentido de que tenga yo méritos o tenga algún derecho a recibir algo del Dios santo, sino digno en el sentido que voy a cobrar ese cheque; que estoy buscando el don no para mi gloria o interés personal, sino para la gloria de Dios. De lo contrario es posible que pida, que presente el cheque en ventanilla, pero que no obtenga nada: «Pedís y no recibís, porque pedís mal, para gastarlo en vuestros deleites» (Santiago 4:3).

El gran Banquero del cielo no paga cheques si nuestros motivos no son rectos. Es por esto que tantos y tantos fallan en la oración. El «nombre de» Cristo es la revelación de Su persona. Orar en «su nombre» es orar como un representante enviado por Él: es orar por su Espíritu y según su voluntad, es tener su aprobación en lo que pedimos; buscar lo que Él busca, pedir ayuda para hacer lo que Él quiere que hagamos, y buscar su gloria, no la nuestra. Para orar «en su nombre» debemos tener identidad de intereses y de propósito. Nuestro yo y sus intereses deben estar enteramente controlados por el Espíritu Santo de Dios, de modo que nuestra voluntad esté en completa armonía con la voluntad de Cristo.

Debemos llegar a la actitud de San Agustín cuando exclamó: «Oh, Señor, concédeme que pueda hacer tu voluntad como si fuera la mía, de modo que Tú puedas hacer mi voluntad como si fuera la tuya»[1].

Es posible que alguien crea que esto hace de la oración «en su nombre» algo inalcanzable para nosotros. No era ésta la intención del Señor. Él no se burla de nosotros. Refiriéndose al Espíritu Santo, el Señor usó estas palabras: «El Consolador... a quien el Padre enviará en mi nombre» (Juan 14:26). Ahora bien, nuestro Salvador quiere que seamos controlados por el Espíritu Santo para que podamos actuar en el nombre de Cristo. «Porque todos los que son guiados por el Espíritu de Dios, éstos son hijos de Dios» (Romanos 8:14). Y sólo los hijos pueden decir «Padre nuestro».

El Señor dijo acerca de Saulo de Tarso a Ananías: «Ve, porque instrumento escogido me es éste para llevar mi nombre en presencia de los gentiles, y de reyes, y de los hijos de Israel» (Hechos 9:15). No «a» los gentiles, sino «en presencia de» los gentiles. De modo que Pablo dice: «Agradó a Dios revelar a su Hijo "en" mí». No podemos orar en el nombre de Cristo a menos que llevemos este nombre «en presencia de» los demás. Y esto no es posible hasta que «moramos en» Él y sus palabras moran en nosotros. De modo que llegamos a la siguiente conclusión: A menos que el corazón esté bien, la oración está mal.

Cristo dijo: «Si permanecéis en mí, y mis palabras permanecen en vosotros, pedid todo lo que queráis, y os será hecho» (Juan 15:7). Estas tres promesas en realidad son idénticas, expresan el mismo pensamiento con distintas palabras. Veámoslo:

«Si me pedís algo en mi nombre, yo lo haré» (Juan 14:14).

«Si permanecéis en mí, y mis palabras permanecen en vosotros, pedid todo lo que queráis, y os será hecho» (Juan 15:7).

---

[1] Agustin de Hipona *Confesiones*, Editado por CLIE

«Si pedimos alguna cosa conforme a su voluntad Él nos oye» (1ª Juan 5: 14).

Algo que el propio apóstol Juan resume muy bien en otro texto: «Y lo que pedimos, lo recibimos de él, porque guardamos sus mandamientos, y hacemos las cosas que son agradables delante de él» (1ª Juan 3,22). Cuando hacemos lo que él nos dice, Él hace lo que le pedimos. De esta manera Dios nos da «poderes» sobre su reino, el reino del cielo, si cumplimos la condición de permanecer en Él.

¡Qué maravilloso es esto! ¡Con cuánta diligencia deberíamos procurar conocer y hacer su voluntad! ¡Qué triste que alguien, por egoísmo personal, se pierda estas riquezas incalculables!

Sabemos que la voluntad de Dios es lo mejor para nosotros.

Sabemos que Él desea bendecirnos y hacer de nosotros una bendición.

Sabemos que el seguir nuestras propias inclinaciones es perjudicial, sin la menor duda, para nosotras mismos y para aquellos a quienes amamos.

Sabemos que apartarnos de su voluntad es abocarnos a la catástrofe.

¿Por qué, entonces, no confiamos en Él plenamente, por no nos entregamos por completo? Démonos cuenta que hemos venido a parar, una vez más, frente a frente, al tema de la santidad de vida. Vemos con absoluta claridad que la llamada a la oración de nuestro Salvador es una llamada a la santidad. «¡Sed santos!», porque sin santidad nadie puede ver a Dios, ni conseguir que sus oraciones tengan eficacia.

Cuando confesamos que «nunca obtenemos respuesta a nuestras oraciones», no estamos acusando a Dios, o cuestionando sus promesas, o el poder de la oración, sino a nosotros mismos. No hay mejor ni mayor prueba del nivel de espiritualidad de una persona que su oración. El hombre o la mujer que intentan orar, pronto descubren en qué clase de relación están con Dios.

A menos que vivamos la VIDA VICTORIOSA, no podremos orar verdaderamente «en el nombre» de Cristo, y nuestra vida de oración será, por necesidad, débil, esporádica e infructuosa. Y el orar «en su nombre» debe ir «de acuerdo con su voluntad».

Pero, ¿podemos conocer su voluntad? Sin duda, podemos. San Pablo no sólo dice: «Haya, pues, entre vosotros los mismos sentimientos que hubo también en Cristo Jesús» (Filipenses 2:5); y añade: «Mas nosotros tenemos la mente de Cristo» (2ª Corintios 2:16).

¿Y qué debemos hacer para conocerla? Recordemos que «El secreto de Jehová es para los que le temen y a ellos hará conocer su pacto (Salmo 25:14).

En primer lugar, no debemos esperar que Dios nos revele su voluntad a menos que nosotros estemos dispuestos a hacerla y tratemos por todos los medios de hacerla. El conocimiento de la voluntad de Dios y la ejecución inmediata de la misma son algo que no se puede separar. Somos propensos a tratar de averiguar la voluntad de Dios con la intención de decidir si nos interesa obedecerla o no. Esta actitud es desastrosa. «El que quiera hacer la voluntad de Dios, conocerá si la doctrina es de Dios.» (Juan 7:17)

La voluntad de Dios se nos revela en su Palabra, en las Sagradas Escrituras. Lo que promete en su Palabra, sabemos que está de acuerdo con su voluntad.

Por ejemplo, puedo pedir sabiduría confiadamente, porque en su Palabra dice: «Si alguno... carece de sabiduría, pídala a Dios... y le será dada» (Santiago 1:5). No podemos orar de modo que nuestra oración prevalezca a menos que estudiemos la Palabra de Dios, para encontrar cuál es su voluntad para con nosotros.

Pero, el gran recurso en la oración para conocer la voluntad de Dios, el gran Ayudador, es el Espíritu Santo de Dios. Leamos lo que nos dice al respecto San Pablo: «Y de igual manera, también el Espíritu nos ayuda en nuestra debilidad; pues, qué hemos de pedir como conviene, no lo sabemos, pero el Espíritu mismo intercede por los santos» (Romanos 8:26,27).

¡Qué palabras tan consoladoras! La ignorancia y la impotencia en la oración, pueden resultar, en realidad, en bendición, si dan como resultado final que venga a nosotros el Santo Espíritu. ¡Bendito sea el nombre del Señor Jesús! No tenemos la menor excusa. Hemos de orar y podemos orar.

Recordemos que nuestro Padre celestial ha prometido que daría el Santo Espíritu a los que se lo pidieran (Lucas 11:13), y cualquier otra cosa buena también (Mateo 7:11).

Hermano en la fe, sin duda oras con frecuencia. Y al hacerlo, has tenido dudas, te has quejado de tu debilidad y negligencia en la oración. Pero, ¿has orado realmente «en su nombre»?

Es precisamente cuando hemos fracasado y no sabemos «qué oraciones ofrecer» o «de qué manera», cuando el Santo Espíritu está dispuesto a venir a ayudarnos.

¿No vale la pena haberse entregado a Cristo por completo y de todo corazón? Los cristianos indecisos, «mitad y mitad», no son muy útiles ni para el mundo ni para Dios. Dios no puede usarlos; y los hombres tampoco tienen interés en ellos, porque los considera hipócritas. Un solo pecado consentido en nuestra vida, echa a perder toda nuestra eficiencia y nuestro gozo y nos roba el poder de la oración.

Amados, hemos llevado a cabo en estas líneas una renovada visión de la gracia y de la gloria de nuestro Señor Jesucristo. Él desea y espera dejaros participar de su gloria y de su gracia. Quiere que seamos medios de bendición. ¿A qué esperamos para adorar a Dios con sinceridad y verdad, y clamar con ansia: «¿Señor, qué haremos?» (Hechos 22:10). Si lo hacemos, podemos estar seguros de que con el poder que él nos dará, lo haremos.

El mismo San Pablo, clamó en cierta ocasión al cielo con esta oración: «¿Qué haré?» ¿Y cuál fue la respuesta que recibió? Nos dice, en el consejo que da a los creyentes de Colosas, lo que significó la respuesta del cielo para él, y lo que debería significar para nosotros: «Vestíos, pues, como escogidos de Dios, santos y amados, de entrañas de misericordia, de benignidad, de humildad, de mansedumbre, de paciencia...; y sobre todas estas cosas, vestíos de amor que es el vínculo de la perfección, y la paz de Dios gobierne en vuestros corazones... La palabra de Cristo habite abundantemente en vosotros. Y todo lo que hagáis, de palabra o de obra, hacedlo todo en el nombre del Señor Jesús, dando gracias a Dios Padre por medio de él» (Colosenses 3:12-17).

Sólo cuando todo lo que hagamos lo hagamos «en su nombre», Él nos concederá todo lo que pidamos.

7

¿ES NECESARIO ORAR «AGONIZANDO»?

La oración se mide no por el tiempo, sino por la intensidad. Eso hace que muchas almas piadosas que leen la biografía de cristianos como John Hyde, «Hyde el que ora», se pregunten inquietos: «¿Es así como debo orar?».

Oyen decir que algunos de los grandes hombres de oración, con frecuencia permanecen todo el día o toda la noche de rodillas delante de Dios, que rehúsan tomar alimento y desprecian el sueño mientras oran, u otras cosas por el estilo, y se preguntan perplejos: «¿Debemos seguir su ejemplo?¿Es así como hemos de orar?».

Ante todo, debemos tener claro que estos grandes hombres de oración no oraban midiendo su oración por el tiempo. Simplemente, continuaban orando porque una vez habían comenzado a orar no podían dejar de hacerlo, no podían parar. Quiero dejar claro este punto, porque algunos de mis lectores me han sugerido que por lo expuesto en los capítulos anteriores da la sensación de que debemos seguir sus huellas y actuar todos del mismo modo. Hermanos, ésta es una concepción errónea y no debemos dejarnos llevar por ella, no hay razón para experimentar angustia ni sentir temor alguno a la hora de orar, pensando que no hacemos lo suficiente. Basta con que hagamos lo que Él quiere que hagamos, lo que Él nos guíe a hacer. Tenlo bien claro, lector, y ora sobre ello. Jesús nos manda que oremos a nuestro Padre Celestial, que es un Padre de amor, y ¡qué amor tan profundo! Nadie puede medir la intensidad de ese amor.

La oración no es algo que se nos da como una carga a sobrellevar, o un deber penoso que cumplir, sino como un gozo y un poder a disfrutar, para el cual no hay límite. Se nos da el que «nos acerquemos confiadamente al trono de la gracia, para alcanzar misericordia, para el oportuno socorro» (Hebreos 4:16). Y cada momento de oración es un momento de necesidad en que estamos pidiendo socorro. «Orad» es una invitación que se nos brinda, no una orden que se nos impone, un privilegio que facultativamente podemos aceptar no una orden que ineludiblemente debemos cumplir. ¿Es acaso una orden para un niño acercarse a su padre, cuando éste se lo dice, para recibir un regalo? ¡No! ¡Todo padre terrenal ama a su hijo y procura su bienestar! ¡Le protege de toda pena, aflicción o dolor! Nuestro Padre celestial nos ama infinitamente más que nuestro padre terrenal. Jesús nos ama infinitamente más que ningún amigo terrenal. Dios me perdone, si algo que haya podido decir al exponer en este precioso tema de la oración, ha herido la conciencia de algunos que anhelan saber más acerca de ella. «Vuestro Padre celestial sabe...» dijo Jesús. Y nosotros tenemos la seguridad de que si «Él sabe» podemos confiar en Él y desechar cualquier temor y miedo.

Un maestro puede regañar a un alumno por descuido en el trabajo, llegar tarde a clase, o por faltas de asistencia; pero el padre de ese alumno, en casa, sabe las causas de la ofensa, si es o no justificada: si tuvo que hacer otra cosa más urgente, si estaba enfermo. Nuestro Padre celestial sabe que esta ancianita está enferma, y no puede hacer más; sabe que esta mujer está atareada con mil cosas en el hogar, y no puede hacer más. Él conoce las circunstancias de todos. Lo ve todo. Sabe cuán poco tiempo libre nos dejan nuestras obligaciones ineludibles y, por tanto, entiende que el tiempo que pasamos en oración no puede ser muy prolongado.

Incluso cuando a algunos Dios nos da tiempo libre, cuando nos «hace descansar» (Salmo 23:2) para que miremos hacia arriba, incluso entonces, entiende que las flaquezas del cuerpo pueden impedir la oración prolongada. Esto es bien cierto, pero entonces, me pregunto: si algunos de nosotros, aun teniendo a veces excusas razonables y justificadas, pasamos bastante tiempo en oración; a veces porque nuestro propio ministerio cristiano lo requiere, pues se nos considera como líderes espirituales y puede que tengamos a nuestro cargo el bienestar o el aprendizaje espiritual de otros, ¿acaso no tenemos mayor responsabilidad? ¡Dios no permita que pequemos contra Él por dejar de orar por aquellos que Él ha encomendado a nuestro cargo! (1ª Samuel 12:23).

Sí, hay casos concretos en los que orar forma parte de nuestro trabajo en la vida, se trata de algo que nos corresponde hacer de forma ineludible. Y ello no es una carga, es un privilegio. Por ello, resulta triste ver a veces a personas que:

> *Pasan en la vida angustias sin cuento,*
> *pues por sus amigos no tienen consuelo,*
> *y escuchar no quieren, ni buscar ayuda,*
> *en el gran Amigo, ¡no acuden al cielo!*

¡Cuánto más fácil no les sería orar por sus amigos! Si sentimos la carga de las almas de otros sobre nuestras espaldas y nuestro corazón no podemos perder el tiempo preguntándonos: «¿Cuánto tiempo debo orar?».

Con todo, hemos de ser sensibles a las dificultades de que está rodeada la vida de oración de algunos. Por ejemplo: tengo sobre la mesa de mi despacho un montón de cartas que debo contestar. Todas están llenas de comentarios, razonamientos y quejas de sus autores sobre cuán difícil les resulta orar. ¿Debo pensar que las escribieron para eludir su responsabilidad, para excusarse o justificarse? ¡Por supuesto que no! De ninguna manera. En todas se ve el anhelo de conocer la voluntad de Dios para obedecer la llamada a la oración en medio de las continuas exigencias de la vida.

Pero a la vez exponen con sinceridad las dificultades que experimentan algunos que no pueden substraerse de otras obligaciones para dedicar tiempo a la oración privada; de personas que comparten el mismo dormitorio con otras; de madres y amas de casa ocupadas todo el día cocinando, comprando, limpiando, lavando y remendando; de obreros cansados que están agotados cuando ha terminado su jornada de trabajo.

Nuestro Padre celestial sabe todo esto. No es un supervisor exigente y quisquilloso, que lo quiere todo perfecto: es nuestro Padre. Si Vd., lector se encuentra en esta situación, si no tiene tiempo, quizá, para la oración, o no tiene oportunidad para orar en secreto, ¿por qué no se lo cuenta a su Padre celestial, simple y llanamente, de un modo coloquial?, y... al hacerlo, ¡se encontrará con que ya está orando!

A todos aquellos a quienes les parece que no pueden encontrar un momento de quietud a solas para orar, ni aún para acudir a una iglesia solitaria donde sentarse en un banco y tener unos momentos de oración, quiero recordarles la maravillosa vida de oración de San Pablo. ¿Se le ha ocurrido alguna vez pensar que Pablo estaba en una prisión cuando escribió algunas de las oraciones más maravillosas del Nuevo Testamento? Imagínese el cuadro. Pablo encadenado a un soldado romano, noche y día, no estaba solo ni un momento. Sin embargo, Epafras, que estuvo allí parte del tiempo, captó algo de la pasión de Pablo por la oración. Y Lucas, probablemente también estuvo allí. ¡Qué reuniones de oración! ¿No había oportunidad para la oración en secreto? ¡No, no la había!, pero, ¡cuánto debemos a aquellas manos esposadas que se esforzaban por elevarse al cielo! Vd. y yo, lector, podemos alegar que estamos muy ocupados, que raramente estamos a solas, pero por lo menos, tenemos las manos libres. Nuestros corazones están libres, y nuestros labios también.

¿Debemos asignar un tiempo especial para la oración? Puedo equivocarme, pero yo no creo que sea la voluntad de Dios que pasemos tanto tiempo en oración hasta el punto que cause perjuicio a nuestra salud física o nos prive del alimento y el sueño. En todo caso, no es la voluntad de Dios que esto ocurra a la inmensa mayoría de nosotros. En realidad, para muchos, permanecer largo tiempo en espíritu de oración intensa, sería imposible a causa de su debilidad física.

Tampoco la posición del cuerpo en que oramos tiene ninguna importancia. Dios nos escucha cuando estamos arrodillados, sentados, de pie, andando o trabajando.

Ya sé que hay muchos que han dado testimonio del hecho que Dios da a veces fuerzas renovadas, de una manera especial, a aquellos que limitan sus horas de descanso con el fin de poder orar más. Pero, de mi propia experiencia, puedo contar que una vez traté de levantarme todas las mañanas muy temprano para dedicarme a la oración y la comunión con Dios. Al cabo de un tiempo encontré que mi trabajo diario se resentía en eficiencia y en concentración, y que me resultaba difícil mantenerme despierto a últimas horas de la tarde. Ahora bien, ¿oramos tanto como deberíamos? Ahora lamento que dejara pasar los días de juventud y vigor de mi vida sin dedicar muchas más de esas horas tempranas de la mañana a la oración.

El mandato inspirado es bien claro: «Orad sin cesar» (1ª Tesalonicenses 5:1-7). El Señor dijo: «...es necesario orar siempre y no desmayar» (Lucas 18:1).

Esto, naturalmente, no significa que debamos pasarnos el día de rodillas. Estoy convencido que Dios no quiere en modo alguno que abandonemos la responsabilidad de nuestro trabajo diario con miras a orar. Pero, también es verdad que, a la larga, podremos trabajar mejor y hacer más trabajo si dedicamos menos tiempo al trabajo y más tiempo a la oración.

Trabajemos bien. «En lo que requiere diligencia, no perezosos» (Romanos 12:11). San Pablo dice: «Que os esforcéis afanosamente... a ocuparos en vuestros propios asuntos, y trabajar con vuestras manos de la manera que os hemos mandado, a fin de que os conduzcáis honradamente con los de afuera y no tengáis necesidad de nada (1ª Tesalonicenses 11:12). «Si alguno no quiere trabajar, tampoco coma» (2ª Tesalonicenses 3:10).

Pero, sin abandonar el trabajo, hay un gran número de oportunidades a lo largo del día para «levantar las manos» -o por lo menos el corazón- en oración a nuestro padre. ¿Aprovechamos la oportunidad, cuando abrimos los ojos a cada nuevo día, para alabar y bendecir a nuestro Redentor? Cada día del año es Pascua para el cristiano. Podemos orar al vestirnos. Una buena idea es utilizar *memorandums* o recordatorios:

Ponga un pedacito de papel al borde del espejo con las palabras «Orad sin cesar». Pruébelo. Podemos orar mientras nos trasladamos de un lugar a otro. Podemos orar durante el trabajo. Al lavarnos, al escribir, al remendar calcetines, al fregar cazuelas. La ropa lavada y planchada quedará mucho mejor si aprovechamos el tiempo, mientras lo hacemos, para orar. «Entre los pucheros anda Dios», decía Santa Teresa de Jesús.

¿Acaso los niños no trabajan o juegan mejor si saben hay alguien cerca que los ama y los contempla? ¿Y no nos será de ayuda el recordar que el Señor Jesús nos está contemplando siempre? Y nos ayuda. Darnos cuenta de que su ojo nos observa y nos vigila hará que su poder se haga presente dentro de nosotros.

Yo creo que esto es lo que San Pablo tenía en mente, -más que períodos fijos y rutinarios de oración-, cuando decía: «El Señor está cerca». «Por nada os inquietéis, sino que sean presentadas vuestras peticiones en todo delante de Dios mediante oración y ruego con acción de gracias» (Filipenses 4:5-6). ¿No nos sugiere este «en todo» que, cualquier cosa que nos suceda, en cada momento, deberíamos sernos motivo y ocasión de orar y alabar al Señor que está cerca? ¿Por qué tenemos que limitar este «estar cerca» a la segunda venida?

¡Qué maravilloso y bienaventurado es pensar que la oración es estar cerca de Dios! Cuando Jesús envió a sus discípulos a la obra, les dijo: «He aquí estoy con vosotros siempre».

Sir Thomas Browne[1], el célebre médico, es un claro ejemplo de los muchos hombres y mujeres que captaron éste sentir. Hizo la promesa de «orar en todos aquellos lugares donde hubiera la suficiente quietud como para poder hacerlo; en la casa, en la carretera o en la calle; para que no haya ninguna calle en la ciudad que no sea testigo de que no he olvidado a Dios mi Salvador en ella; y que no haya ciudad o parroquia que no pueda decir lo mismo. Quiero hacer de la vista de cada iglesia de la que pase por delante una oportunidad para orar. Orar diariamente y de modo particular por los pacientes enfermos que están bajo mi cuidado. Y a la entrada de cada casa en que hay un enfermo decir: "La paz y la misericordia de Dios sea sobre esta casa". Después de escuchar un sermón, presentar una oración pidiendo bendición sobre todos aquellos que lo han escuchado, y orar por el pastor».

---

[1] Sir Thomas Browne (1605-1682), médico y escritor inglés del siglo XVII. Autor de numerosas obras científicas de la época tratando de compaginar Biblia y ciencia. Entre ellas destaca *Religio Medici* (La Religión de un Médico) 1642-1645, que fue motivo de una encarnizada controversia.

Pero tengo dudas sobre si esta comunión habitual con el Señor es posible a menos que dediquemos períodos concretos, largos o cortos, de un modo específico, a la oración. Y ¿qué diremos de estos períodos de oración? Hemos dicho anteriormente que la oración es algo tan simple como que un niño pida algo a su padre. Y no habría necesidad de añadir nada a este comentario, de no ser por la existencia del Maligno.

No hay la menor duda que el diablo se opone por todos los medios a que nos acerquemos a Dios en oración, y hace todo lo posible para evitar la oración de fe. Y la manera principal en que nos estorba es tratando de llenar nuestra mente con ideas sobre nuestras necesidades, evitando así que la tengamos ocupada pensando en Dios, en nuestro Padre amante, a quien oramos. Quiere que pensemos más en los dones, que en el dador. Supongamos que Espíritu Santo nos guía a orar por un hermano; inmediatamente nos obsesionamos en decir «¡Oh Dios!, bendice a mi hermano», y dejamos que nuestros pensamientos den vueltas y vueltas sobre el hermano, sus problemas, sus dificultades, sus esperanzas y temores... ¡y ahí se queda la oración!

¡Cuánto se esfuerza el Diablo para evitar que podamos concentrar nuestros pensamientos en Dios! Esta es la razón por la que me esfuerzo en conseguir que los lectores tengan una idea de la gloria y del poder de Dios, de su presencia, antes de ofrecer cualquier petición. Si no existiera el diablo no habría dificultades en la oración, pero el diablo tiene como principal objetivo el hacer la oración imposible. Es por esto que me resulta difícil estar de acuerdo con lo que algunos que dicen que hay «vanas habladurías» y «demasiadas repeticiones» en la oración, citando las mismas palabras de Jesús en el sermón del monte.

Un personaje prominente en la Iglesia de Inglaterra, dijo recientemente en Londres que: «Dios no quiere que le hagamos perder el tiempo, ni que lo perdamos nosotros en oraciones largas. Quiere que vayamos al grano en nuestros negocios con Él, que le digamos claro y breve lo que queremos, y esto es todo». Lamentablemente, este amigo considera que la oración es simplemente un medio para hacerle saber a Dios lo que necesitamos. Si esto es todo, en realidad no habría necesidad alguna de orar. «Porque vuestro Padre sabe lo que necesitáis antes de pedírselo», dijo nuestro Señor, cuando animaba a los discípulos a orar.

Somos conscientes de que Cristo mismo condenó algunas «oraciones largas» (Mateo 23:14). Pero, eran largas porque eran para «hacerse ver» delante de los demás, para «ostentación» (Lucas 20:47). Quisiera dejar claro a todos los que oran, que el Señor condenaría del mismo modo muchas de las «oraciones largas» que se hacen en hoy en día nuestras reuniones de oración, oraciones que ahogan el espíritu de la reunión, y que terminan expresando el deseo de que Dios oiga los «impulsos débiles» y las «palabras vanas», de su autor. Pero, el Señor no condena las oraciones largas cuando son sinceras. No olvidemos que el mismo Señor pasó a veces la noche entera orando. Se nos dan detalles de una de estas noches, pero no sabemos cuán frecuentes eran (Lucas 6:12). A veces se levantaba «antes de que fuera de día» y se iba a un lugar solitario para orar (Marcos 1:35). El Hombre perfecto pasaba más tiempo en oración que nosotros. Y parece un hecho incuestionable que en el caso de todos los santos de Dios, en todas las edades, las largas noches de oración a Dios han ido seguidas de días de poder en su relación con los hombres.

Tampoco el Señor buscó excusas para no orar, como nosotros, en nuestra ignorancia, podríamos pensar que haría amparándose en las continuas peticiones de servicio que le hacían y las oportunidades incontables que se le presentaban de ser útil a los demás. En momentos en los que su popularidad estaba en pleno apogeo y todos buscaban su compañía y su consejo, al finalizar un día agotador, se nos dice que dejó a todos y se retiró al monte a orar (Mateo 16:23).

Se nos informa en otros pasajes que «grandes multitudes se reunían para escucharle y ser sanadas de sus enfermedades», pero inmediatamente añaden que: «Él por su parte, se retiraba con frecuencia a los lugares apartados para orar» (Lucas 5:15-16). ¿Por qué? Porque sabía que la oración era mucho más importante y poderosa que el «servicio».

Con frecuencia decimos que estamos demasiado ocupados para orar. Pero, vemos que el Señor ¡cuánto más ocupado estaba, más oraba! A veces, no le quedaba «tiempo para probar bocado» (Marcos 3:20); y otras no tenía tiempo para descansar o comer (Marcos 6:31). Pero siempre encontraba tiempo para la oración. Y, ¿qué diremos? Si a él le era necesario orar con frecuencia y a veces durante largas horas, ¿podemos decir acaso que sea menos necesario para nosotros?

No escribo con la intención de persuadir a los demás para que estén de acuerdo conmigo: esto no tiene mucha importancia. Lo único que quiero saber es la verdad. El propio Spurgeon se expresó en cierta ocasión en los siguientes términos: «No tenemos ninguna necesidad de andarnos por las ramas a la hora de decirle a Jesús claramente qué es lo que esperamos recibir de sus manos. Ni tiene ningún sentido utilizar un lenguaje refinado en la oración; pidamos a Dios lo que necesitamos de una forma simple y directa... yo soy partidario de las oraciones que van al grano. Quiero decir, oraciones en las cuales uno presenta al Señor una de sus promesas que hallamos en su Palabra, y espera a que Él la cumpla, de la misma manera que esperamos el dinero que nos van a dar en el banco cuando entregamos un cheque en la ventanilla para cobrarlo. No se nos ocurre dar rodeos de un lado a otro, charlando con los empleados sobre cualquier cosa, vamos directamente al asunto que nos interesa, directos a la ventanilla de cobros, y cuando tenemos el dinero nos marchamos y punto. Cierto, el cheque debe estar firmado, debemos decir cómo queremos el dinero, y cuando nos lo entregan contarlo. Pero hecho esto, ya nos podemos ir. Y esto sirve de ejemplo sobre el método que debemos utilizar a la hora de sacar dinero del banco del cielo».

¡Espléndido! -digo yo- ¡pero... hay un pero! No discuto que debemos ir al grano y evitar toda elocuencia innecesaria... ¡si es que la tenemos!; tampoco tengo duda que hemos de eludir repeticiones y palabrerías, antes bien ir con fe, esperando recibir lo que pedimos. Pero, no debemos ni podemos olvidar, como ya mencioné con anterioridad, que en el tema de la oración, no se trata de algo entre Dios y nosotros exclusivamente. Que a nuestro lado hay otras personas que tiene mucho interés en nuestros tratos con Dios.

Volvamos a la ilustración de Spurgeon sobre el banco. En principio, tal como él lo explica, da la impresión de que nadie más tiene interés en la transacción fuera de nosotros y el cajero. Pero vamos a suponer que a mi lado hay un sujeto de mala catadura, armado, sobradamente conocido por el personal del banco por su historial criminal, y que espera un momento de descuido por mi parte para hacerse con mi dinero. En tal caso, no es de extrañar que el cajero del banco, antes de decidirse a entregarme el dinero, se demore, esperando que el facineroso no esté a la vista o que abandone su propósito.

Y conste que esta observación no es mero producto de mi fantasía. La Biblia nos enseña que, de una manera u otra, el diablo está siempre buscando la ocasión propicia para estorbar nuestras oraciones y demorar su respuesta. Acaso ¿no nos amonesta Pedro a que evitemos ciertas cosas para que nuestras «oraciones no sean estorbadas»? (1 Pedro 3: 7). Nuestras oraciones pueden verse fácilmente estorbadas, pues «... viene el Maligno y arrebata lo que fue sembrado en su corazón» (Mateo 13: 19).

La Escritura nos da un ejemplo -probablemente uno entre muchos posibles- en que el diablo literalmente retuvo -demoró- durante tres semanas la respuesta a una oración. Y conste que lo menciono únicamente para mostrar la necesidad de la oración repetida, de la persistencia en la oración y para llamar la atención del lector sobre el extraordinario poder que posee Satanás. Se trata de Daniel 10:12,13:

«Daniel, no temas; porque desde el primer día en que aplicaste tu corazón a entender y a humillarte en la presencia de tu Dios, fueron oídas tus palabras; y a causa de tus palabras yo he venido. Mas el príncipe del reino de Persia se me opuso durante veintiún días; pero he aquí que Miguel, uno de los principales príncipes, vino para ayudarme y quede allí con los reyes de Persia».

No debemos pasar por alto esta oposición satánica y el estorbo a nuestras oraciones. Si fuera correcto contentarnos con pedir a Dios sólo una vez lo que tiene prometido o lo que consideramos necesario, estos capítulos no habrían sido escritos. ¿Cabe decir que no vale la pena pedir las cosas una segunda y una tercera y más veces? Por ejemplo, sé que Dios no quiere la muerte del pecador. De modo que una vez he pedido fervorosamente: «Señor, salva a mi amigo» ya no tiene sentido pedir ni una sola vez más que lo salve ¿Correcto? ¡No! George Muller oró diariamente -a veces incluso con más frecuencia- por un amigo durante sesenta años.

¿Qué luz arroja la Biblia sobre el tema de las «oraciones al grano»? El Señor contó dos parábolas que hablan de la persistencia y continuidad en la oración:

El hombre que pidió tres panes a su amigo a media noche y recibió lo que solicitaba a causa de importunidad (persistencia) (Lucas 11:8).

La viuda que «molestó» al juez injusto con sus continuas visitas, hasta que finalmente el juez decidió «poner las cosas en orden». A lo que Jesús añade: «¿Y acaso Dios no hará justicia a sus escogidos que claman a Él de día y de noche, y está esperando con paciencia en cuanto a ellas?» (Lucas 18:7).

¡Cuánta satisfacción causó al Señor la pobre mujer sirofenisa que no aceptó las negativas ni los desaires como respuesta! A causa de su insistencia. Jesús dijo: «Oh mujer, grande es tu fe: hágase contigo como quieres» (Mateo 15:8). En su agonía en Getsemaní consideró necesario repetir su oración «y dejándolos se fue de nuevo, y oró por tercera vez, diciendo las mismas palabras» (Mateo 26:44). Y encontramos que San Pablo, el apóstol de la oración, pide a Dios una y otra vez que le quite un aguijón (una aflicción o dolencia) en la carne: «respecto a lo cual tres veces he rogado al Señor que lo quite de mí» (2ª Corintios 12:8).

Dios no nos puede conceder nuestras peticiones inmediatamente. Algunas veces no estamos preparados para recibir el don. Otras dice que «no» con el propósito de darnos algo mejor. Pensemos en los días en que San Pedro estaba en la cárcel. Si algún ser querido nuestro estuviera injustamente encarcelado, esperando sentencia, ¿nos contentaríamos con pedir una sola vez por su liberación? ¿Acaso no trataríamos de remover cielo y tierra para obtener justicia? ¿No insistiríamos en nuestras peticiones si la primera vez no consiguiéramos lo que deseamos?

Ésta era la situación en la que se hallaba y obraba la Iglesia con respecto a Pedro. «La Iglesia hacía ferviente oración a Dios por él» (Hechos 12:5). Algunas versiones dicen «oraba sin cesar». El doctor R. A. Torrey[2] afirma que ninguna de las dos traducciones transmite con plena exactitud la fuerza del original griego, que significa «en tensión, en agonizante deseo». Se trata de la misma palabra griega que se utiliza para describir la oración de Jesús en Getsemaní: «y estando en agonía oraba más intensamente, y era su sudor como grandes gotas de sangre engrumecidas que caían sobre la tierra» (Lucas 22:44).

Sin duda, esto era fervor. ¿Qué decimos de nuestras oraciones? ¿Somos llamados a agonizar en oración? Muchos dicen «¡No!». Creen que este agonizar significaría por nuestra parte falta de fe. Sin embargo, muchas de las experiencias que ocurrieron al Señor hemos de hacerlas nuestras. Hemos sido crucificados con Cristo y hemos sido levantados con Cristo. ¿No debemos agonizar con Él en oración por las almas?

Volviendo a la experiencia humana. ¿Podemos dejar de agonizar en oración por hijos queridos que viven en el pecado? Yo dudo que algún creyente puede librarse de esa carga en su corazón -una pasión por las almas- y pueda vivir sin un agonizar en oración por ella.

¿Podemos dejar de gritar, como John Knox, «Oh, Señor, dame Escocia o muero»? De nuevo encontramos en la Biblia luz y ayuda en ese tema. Es evidente que cuando Moisés clamaba a Dios: «Te ruego, pues este pueblo ha cometido un gran pecado, porque se hicieron dioses de oro, que perdones ahora su pecado, y si no, ráeme ahora tu libro que has escrito», estaba agonizando.

¿No estaba también agonizando en oración San Pablo, cuando dice: «Porque desearía yo mismo ser anatema, separado de Cristo, por amor a mis hermanos, los que son mis parientes según la carne?» (Romanos 9:3).

Podemos estar seguros de que nuestro Señor, que lloró sobre Jerusalén y que «ofreció ruegos y súplicas con gran clamor y lágrimas» (Hebreos 5:7), no se extrañará si nosotros derramamos lágrimas sobre los perdidos. ¿No se gozará, más bien, si ve que agonizamos con

---

[2] Reuben Archer Torrey (1856–1928), conocido pastor, escritor y evangelista norteamericano, autor de numerosas obras que han desafiado en paso del tiempo, muchas de ellas traducidas y publicadas en español por Editorial CLIE, como: *El poder de la oración y la oración de poder*; *Manual del obrero cristiano*, *La vida cristiana triunfante*, etc.

respecto al pecado de ellos que le ofende? De hecho, la escasez de conversiones en el ministerio de algunos pastores es debida a su incapacidad de agonizar en oración.

Se nos dice que «en cuanto Sión estuvo de parto, dio a luz sus hijos» (Isaías 66:8). Y Pablo estaba probablemente pensando en este pasaje cuando escribió a los Gálatas: «Hijitos míos, por quienes vuelvo a sufrir dolores de parto, hasta que Cristo sea formado en vosotros» (Gálatas 4:19). ¿Y no será esto verdad con respecto a nuestros hijos espirituales? ¡Cuán fríos son nuestros corazones! ¡Cuán poco nos preocupamos de los perdidos! ¿Y nos atrevemos a criticar a aquellos que agonizan por las almas que perecen? Dios no lo permita. ¡No! Hay razones sobradas para luchar en oración, no porque Dios no quiera contestar nuestras oraciones, sino a causa de la oposición que éstas reciben de los «dominadores de este mundo de tinieblas» (Efesios 6:12).

La lucha no es entre Dios y nosotros. Él está a nuestro lado en nuestros deseos. La lucha es con el Maligno, a pesar de que es un enemigo vencido (1ª Juan 3:8). El Maligno desea frustrar nuestras oraciones.

«No tenemos lucha contra sangre y carne, sino contra principados, contra potestades, contra los dominadores de este mundo de tinieblas, contra huestes espirituales de maldad en las regiones celestes» (Efesios 6:12). Nosotros habitamos también en un sentido en estos lugares celestiales con Cristo (Efesios 1:3). Y en esa lucha, sólo Cristo puede salir victorioso. Nuestra lucha, suele ser contra las sugerencias de Satán a través de pensamientos que nos apartan de Cristo, y por ello, debemos mantener siempre nuestros pensamientos fijos en Cristo nuestro Salvador; esto es, siempre atentos, vigilando al mismo tiempo que oramos (Efesios 6:18); «orando... y velando».

Somos consolados por el hecho de que «el Espíritu nos ayuda en nuestra debilidad; pues, qué hemos de pedir cómo conviene, no lo sabemos» (Romanos 8:26). ¿Cómo nos ayuda el Espíritu, cómo nos enseña, sino por el ejemplo, así como por el precepto? ¿Cómo ora el Espíritu? El Espíritu mismo intercede por nosotros con gemidos indecibles (Romanos 8:26). ¿Agoniza el Espíritu en oración como el Hijo en Getsemaní?

Si el Espíritu ora en nosotros, ¿no debemos nosotros compartir su «gemidos» en oración? Si nuestro agonizar en la oración debilita nuestro cuerpo en aquel momento, los ángeles vendrán y nos fortalecerán, como hicieron al Señor (Lucas 22:43). Quizá, como Nehemías, lloremos y hagamos duelo y ayuno cuando oremos al Señor (Nehemías 1:4).

«Pero, -se preguntará alguno- ¿no induce nuestro duelo por el pecado y nuestro anhelo por la salvación de otros en nosotros a un agonizar innecesario que deshonra a Dios?» ¿No significa una falta de fe en las promesas de Dios?

Quizá sea así. Pero no hay duda que la visión que tenía Pablo de la oración -al menos en algunas ocasiones- era de una contienda (ver Romanos 15:30). Al escribir a los cristianos de Colosas, les dice: «Quiero que sepáis qué lucha tan dura sostengo por vosotros... y por todos los que no me han visto personalmente; para que sean consolados sus corazones» (Colosenses 2:1,2). Sin duda, se refiere a sus oraciones por ellos. Y añade, refiriéndose a Epafras, «uno de vosotros, siervo de Cristo, siempre esforzándose intensamente por nosotros en sus oraciones para que estéis firmes, perfectos y completos en todo lo que Dios quiere» (Colosenses 4:12). Y la palabra griega que aquí utiliza, y que se traduce por «esforzarse intensamente» es la equivalente a «agonizar», la usada al hablar del Señor en Getsemaní «estando en agonía» (Lucas 22:44).

El apóstol dice que Epafras, se ha esforzado intensamente por ellos en sus oraciones. Pablo, estando él prisionero, le veía orar, y era testigo de la intensidad con que Epafras oraba en favor de los Colosenses. Cuán asombrado debía estar el guardián a quien Pablo estaba encadenado -y cuán conmovido- al ver a estos hombres en sus oraciones. Su agitación, sus lágrimas, y sus intensas súplicas al levantar las manos encadenadas para orar. ¡Qué testimonió debió ser esto para él!

No hay duda que Pablo estaba hablando de sus propias costumbres al orar cuando estimula a los cristianos de Efeso y a otros diciéndoles: «orando en todo tiempo con toda deprecación y súplica en el Espíritu, velando en ello con toda perseverancia y suplica por todos los santos; y por mi... embajador en cadenas» (Efesios 6:18, 20). Éste es un cuadro de su propia vida de oración, podemos estar seguros.

La oración vence todos los obstáculos; los elimina. Eso es exactamente lo que queremos decir con la expresión «orar hasta que se consiga». Debemos luchar contra las maquinaciones de Satán. Que pueden ser cansancio corporal o dolor, o pensamientos diversos que nos apartan del objetivo, o dudas, o ataques directos de huestes espirituales de maldad. Para nosotros, como lo era para Pablo, la oración es semejante a una «contienda», una «lucha», por lo menos en algunas ocasiones, lo que nos obliga y estimula a «apoyarnos en Dios» (Isaías 64:7). ¿Nos equivocamos al suponer que son pocos los que en una u otra ocasión han luchado y luchan intensamente en oración? ¿Luchamos nosotros? Sea como sea, no dudemos nunca del poder de Dios y de las riquezas de su gracia.

La autora de *El Secreto de una vida cristiana feliz*[3] contó poco antes de su muerte a un grupo de amigos, un incidente acaecido en su propia vida. Una señora amiga suya, de temperamento bastante difícil, solía visitarla de vez en cuando, y pasar con ella dos o tres días, lo cual -confesó- era una verdadera prueba para su paciencia y buen humor. Por lo que cada una de estas visitas le exigía mucha preparación en oración. En cierta ocasión, ésta amiga hizo planes para pasar con ella ¡una semana entera! Y ante semejante reto a su paciencia, llegó a la conclusión de que no tendría fuerzas suficientes para soportarlo a menos que se pasara una noche entera en oración. De modo que, se preparó un plato con bizcochos, y se retiró temprano a su dormitorio dispuesta a pasar la noche entera de rodillas ante Dios, rogándole que le diera la gracia de mantenerse cariñosa y sosegada durante la extensa visita con la que su amiga la había amenazado. Tan pronto como se arrodilló al lado de la cama, vinieron a su mente las palabras de Filipenses 4:19: «y mi Dios proveerá a todas vuestras necesidades conforme a sus riquezas en gloria en Cristo Jesús». Al momento, sus temores se desvanecieron. «Tan pronto comprendí esto, -cuenta- le di gracias a Dios por su bondad, me metí en la cama y dormí toda la noche. Mi amiga llegó el día siguiente, y la semana transcurrió felizmente y sin incidentes.»

Nadie puede establecer reglas rígidas sobre la oración, ni aún para sí mismo, fuera de la seguridad de que el Espíritu Santo de Dios nos dirigirá punto por punto. Eso es todo lo que podemos decir. Dios es nuestro Juez y nuestro Guía. Pero no olvidemos que la oración tiene muchos aspectos. Como afirmó el obispo Moule: «La oración verdadera surge en innumerables circunstancias». Con mucha frecuencia:

> *La oración puede ser el peso de un sollozo*
> *el caer de una lágrima.*
> *La mirada que hacia arriba se eleva*
> *cuando, sólo Él, está cerca.*

A veces puede limitarse en hacer conocer a Dios nuestras peticiones y nada más (Filipenses 4:6). No podemos pensar que la oración tenga que ser siempre una lucha y conflicto. Porque si así fuera acabaríamos

---

[3] Hanna Whitall Smith (1832-1911), escritora cuáquera, nacida en Filadelfia (EE. UU.), famosa mundialmente por su libro *The Secret of a Happy Christian Life*, que vio la luz por primera vez en 1875 y del cual, traducido a diversos idiomas, se han vendido millones de ejemplares hasta el día de hoy. En español ha sido publicado por CLIE en la colección «Perlas Cristianas» con el título *El secreto de una vida cristiana feliz*.

agotados, destrozados, en un colapso mental y muy pronto nos llevarían a la tumba.

Muchos tienen la imposibilidad física de pasar un tiempo prolongado en una misma posición para orar. El obispo Moule dice: «Podemos presentar ante Dios oración auténtica y victoriosa continuada, sin necesidad de recurrir al menor esfuerzo o perturbación física; muchas veces, la oración emerge y sale a la superficie en la más profunda quietud del alma y del cuerpo. Pero hay otro aspecto de la cuestión. La oración tampoco debe hacerse nunca de un modo indolente, por más simple y confiada que sea. Se trata de una transacción de infinita importancia entre el hombre y Dios, y por tanto, si ha de ser verdadera oración, con frecuencia tiene que ser considerada como algo que implica trabajo, persistencia, conflicto».

Nadie puede dar fórmulas de oración válidas para otro. Cada cual debe persuadirse a sí mismo de cómo y cuánto debe orar, sabiendo que el Espíritu Santo nos inspirará y guiará a cada uno para saber el tiempo que debemos destinar a ella. ¡Quiera Dios que todos seamos tan llenos del amor de nuestro Salvador, que la oración en todo tiempo y en todo lugar, se convierta para cada uno de nosotros tanto en un gozo como en un medio de gracia!

> *Pastor Divino, suple lo que necesitamos*
> *en el día de hoy y cada día*
> *y a todos los que son tentados*
> *danos, Señor, espíritu de gracia intercesora*
> *para por otros en la brecha luchar.*
> *Y así, con ansia bienhechora,*
> *¡que oremos sin cesar!*

8

¿CONTESTA DIOS SIEMPRE LA ORACIÓN?

Llegamos ahora a una de las preguntas más importantes que nos podemos hacer. Muchísimo, en nuestra vida, depende de la respuesta que le demos. No tratemos de eludirla, más bien nos la debemos plantear con sinceridad y franqueza. ¿Contesta Dios siempre la oración? Naturalmente, todos admitimos que contesta la oración en un sentido genérico, es decir, que contesta algunas oraciones, algunas veces. Pero, hay más que esto. Dios ¡siempre contesta la oración verdadera! Tan sólo, algunas pseudo-oraciones, no las contesta, porque no las escucha. Cuando su pueblo estaba en rebeldía, dijo: «Cuando multipliquéis la oración, yo no oiré» (Isaías 1:15).

Pero un hijo de Dios debe esperar respuesta siempre a la oración. Dios quiere dar respuesta a cada oración, y no hay ninguna oración verdadera que deje de tener efecto en el cielo.

Y sin embargo, la maravillosa declaración de Pablo diciendo: «Todo es vuestro, y vosotros de Cristo» (1ª Corintios 3:21,22). Trágicamente, suena a falsa para muchos cristianos. Y no lo es. Pues todo es nuestro, tan sólo que nosotros muchas veces no tomamos posesión de nuestras posesiones. Los propietarios de Mount Morgan[1], en Quensland (Australia) trabajaron las laderas infértiles de esa montaña arduamente durante años, sacando de sus tierras tan sólo lo necesario para subsistir arrastrando una vida miserable, sin saber que debajo de sus pies había una de las minas de oro más ricas del mundo. Poseían riquezas inmensas, no poseídas; tenían más de lo que podían soñar o imaginar. Riquezas incalculables, que «eran suyas» pero no eras suyas.

Sabemos que hay riquezas inmensas en Dios, en la gloria en Jesucristo, pero no sabemos cómo obtenerlas. Ahora bien, nuestro Señor

---

[1] Actualmente una atractiva ciudad turística minera, situada a 679 km al norte de Brisbane y 38 al sur de Rockhampton. Pero a lo largo de cien años, uno de los yacimientos de oro y cobre más ricos en el mundo, explotado ininterrumpidamente desde 1882 hasta 1981.

nos dice que podemos tenerlas ¡con sólo pedirlas! ¡Que Él nos dé sabiduría y criterio en las cosas relativas a la oración!

Con todo, cuando afirmamos que no hay ninguna oración verdadera que no sea contestado, no queremos decir que Dios concede sin falta todo lo que se le pide. ¿Ha habido algún padre tan poco juicioso que haya tratado a su hijo así? Ninguno de nosotros daría a nuestro hijo un atizador de hierro de chimenea al rojo vivo, por más que lo pida, porque sabemos que se quemaría. Como tampoco nadie suele dar a un niño grandes cantidades de dinero.

¿Qué pasaría si Dios nos diera todo lo que pidiéramos? Pronto estaríamos dirigiendo el mundo y Él tendría que contemplarlo. Cuando es evidente que no somos capaces de hacerlo, y que causaríamos innumerables desastres. Sin contar que esto sería imposible, porque habría muchos que, simultáneamente, reclamarían el cargo.

Dios contesta la oración a veces con un «Sí», a veces con un «No», y veces con un «Espera», porque puede ser que sus planes pasen por darnos más adelante una bendición mayor que la que pedimos, y que afecta a otras vidas además de la nuestra.

La respuesta de Dios es a veces «No». Pero ello no es una demostración ni implica necesariamente que hay pecado conocido o escondido en la vida del que suplica, aunque hay la posibilidad de sea así. Dijo «No» a San Pablo algunas veces (2ª Corintios 12:8,9). Con frecuencia la negación es debida a nuestra ignorancia o egoísmo en la petición. «Porque, qué debemos pedir como conviene, no lo sabemos.» (Romanos 8:26) Éste era precisamente el problema en la petición de la madre de los hijos de Zebedeo. Fue y adoró a Jesús y le pidió algo. Jesús contestó inmediatamente: «No sabes lo que pides» (Mateo 20:22). Elías, el gran hombre de oración, recibió también un «No» como respuesta. Pero cuando fue arrebatado a la gloria en un carro de fuego, no lamentó en absoluto que Dios le hubiera dicho «No», cuando él clamó a Dios: «Oh, Señor, quítame la vida».

Otras veces, la respuesta de Dios es «Espera». Puede demorar la respuesta porque no estamos todavía preparados para recibir el don que deseamos, como Jacob cuando luchaba. Recordemos la famosa oración de Agustín: «Oh, Dios, hazme puro, pero no ahora». ¿No son muchas veces nuestras oraciones así? ¿Estamos realmente dispuestos a «beber el vaso», a pagar el precio de la respuesta a la oración?

Hay ocasiones en que Él se demora para que la respuesta pueda redundar en mayor gloria para Él. Las demoras de Dios no son negativas. No sabemos por qué a veces demora la respuesta y otras veces «responde antes de que llamemos» (Isaías 65:24). George Müller, uno de los mayores hombres de oración de todos los tiempos, estuvo orando por un amigo durante más de sesenta y tres años. ¿Por qué? «El punto es que nunca nos rindamos hasta que llegue la respuesta, -afirmaba. He estado orando durante sesenta y tres años y ocho meses por la conversión de un hombre. No se ha convertido todavía, pero ya se convertirá. No puede ser de otra manera. Hay la promesa de Jehová que no se puede mudar, y sobre ella descanso.» ¿Era esta demora debida a algún obstáculo del diablo? (Daniel 10:13) ¿Se trataba de un intento desesperado del Maligno para sacudir la fe de Müller? Porque tan pronto como Müller murió, su amigo se convirtió, antes incluso de que tuviera lugar el entierro.

Sí, la oración fue contestada, aunque la respuesta tardó mucho en llegar. Tantas de las peticiones de Müller fueron concedidas que no es de extrañar que un día exclamara: «Oh, ¡cuán bueno, amoroso, lleno de gracia y condescendencia es Aquel con el cual tenemos tratos! Yo soy un hombre pobre, frágil y pecador, pero Él me ha contestado las oraciones docenas de millares de veces».

Quizás algunos pregunten: ¿Cómo se puede descubrir si la respuesta de Dios es «No» o «Espera»? ¿Cómo podemos estar seguros de que Él no nos dejará orar durante sesenta y tres años para respondernos finalmente un «No»? La oración de Müller, repetida tantas veces, estaba basada en el conocimiento de que Dios «no quiere la muerte del pecador»; «Él quiere que todos los hombres sean salvos» (1ª Timoteo 2:4).

Mientras escribo éstas líneas, la llegada del cartero me ofrece una ilustración de este punto. Recibo una carta de alguien que raramente me escribe, y que ni aún, que yo sepa, conocía mi dirección; pero cuyo nombre es conocido por todo obrero cristiano en Inglaterra. Me dice que una persona querida suya cayó enferma y me pregunta: ¿He de continuar orando por su recuperación? ¿Es la respuesta de Dios a mi petición un «No» o bien es «Espera» y «Sigue orando»?. Me escribe: «Digo esto porque sentí la guía clara y perceptible de Dios con respecto a esta persona amada... que era su voluntad llevársela... así que me retiré en el descanso de saber que me sometía a su voluntad. Tengo mucho qué alabar a Dios». Luego supe que unas pocas horas más tarde de que me escribiera esta carta Dios se llevó a aquella persona querida a la gloria.

De nuevo queremos insistir ante los lectores que consideren segura esta verdad: la oración verdadera nunca queda sin respuesta.

Si pensáramos un poco más lo que decimos cuando oramos, oraríamos de un modo mucho más inteligente. Esto parece una perogrullada. Pero lo decimos porque algunos cristianos parecen haber puesto a un lado su sentido común y su razonamiento cuando oran. Un poco de reflexión les mostraría que Dios no puede contestar sus peticiones. Cuando ha habido guerras, cada nación oraba por la victoria, y es más que evidente que no todas las naciones implicadas podían resultar victoriosas. Dos hombres que viven juntos oran el uno pidiendo que llueva y el otro para que no llueva. Dios no puede contestar las oraciones de los dos al mismo tiempo y en el mismo lugar.

Pero el tema es delicado, puesto que en esto de la oración se halla en juego nada menos que la veracidad de Dios. Cuando leemos todas las promesas maravillosas de Jesús a la oración, nos quedamos casi estupefactos: su amplitud, su plenitud y envergadura; «todo», «cualquier cosa». ¡Muy bien! «Dios sea hallado veraz.» (Romanos 3:4) Y ciertamente Él siempre será hallado veraz.

Amigo lector, si se siente impelido a preguntar al autor de este libro si Dios ha concedido todas sus peticiones, no se detenga, ¡adelante! Voy a contestarle con toda sinceridad: ¡No!, no me ha concedido todas mis peticiones hechas en oración. Porque de haber dicho «Sí» a algunas de ellas habría resultado una maldición en vez de una bendición. Y haber contestado a otras ¡ay de mí!, habría sido imposible espiritualmente, ¡porqué no era digno de los bienes que pedía! La concesión de algunas de mis peticiones habría aumentado mi orgullo espiritual y mi autocomplacencia. ¡Y ahora lo veo claramente y me parece sencillo, a la luz del Espíritu Santo de Dios!

Al mirar hacia atrás y comparar nuestras propias oraciones, sinceras y fervorosas, con nuestro servicio pobre e indigno, y nuestra falta de verdadera espiritualidad, uno ve cuán imposible hubiera sido que Dios nos concediera muchas de las cosas que probablemente deseaba concedernos. A veces es como si pidiéramos a Dios que vertiera el océano de su amor dentro de nuestro corazón diminuto como un dedal. Y sin embargo, ¡cuánto anhela Él bendecirnos con toda clase de bendiciones espirituales! No en vano exclama el Salvador con tristeza, una y otra vez: «¡Cuántas veces quise juntar a tus hijos... pero no quisiste!» (Mateo 23:37). Lo más triste de todo es que con frecuencia pedimos y no recibimos porque somos indignos de ello, y luego nos quejamos porque Dios no contesta nuestras oraciones. El Señor Jesús declara que Dios envía su Santo Espíritu -que nos enseña a orar- de la misma manera que un padre da buenas dádivas a sus hijos. Pero no hay dádiva que sea «buena» si el niño no está maduro para recibir aquel don. Dios no nos da nunca nada que no podamos, o no queramos, usar para su gloria (y no me refiero a talentos, que podríamos abusar de ellos o «enterrados», sino a dones espirituales).

¿Hemos visto a un padre que entregue a un niño una navaja de afeitar porque se la ha pedido y porque espera que cuando el niño crezca haga un uso correcto de ella y le será útil? ¡No! Más bien le dice: «Espera que seas mayor, o más sabio, o mejor, o más fuerte, -según cada cosa y cada caso». Pues bien, nuestro Padre celestial también nos dice a veces «Espera». Aunque en nuestra ignorancia y en nuestra ceguera muchas veces no queremos verlo o admitirlo diciendo

Precisamente por tu amor
nos niegas
aquello que Tú ves
nos causaría daño.
¡Por más que no nos guste, nos haces un favor!

También podemos estar tranquilos que Dios nunca nos concede hoy los dones que debe darnos mañana. No es por mala voluntad de su parte. Sus recursos son infinitos, y sus caminos inescrutables. Fue después de mandar a sus discípulos que pidieran, que el Señor les dio una indicación no sólo de su providencia sino también de sus recursos. «Mirad las aves del cielo» (Mateo 6:26), «vuestro Padre celestial las alimenta». Cuán simple parece esto. Sin embargo, ¿ha reflexionado alguna vez, lector, en el hecho de que ni el millonario más rico del mundo podría alimentar a todas las «avecillas» que habitan en él, ni aun un sólo día? Vuestro Padre celestial -nos dice Jesús las alimenta cada día, y sus recursos no disminuyen. ¿Cuánto más puede alimentaros, vestiros y tener cuidado de vosotros?

¡Si tan sólo fuéramos capaces de confiar más en la oración! ¿Acaso no sabemos que «Él es galardonador de los que le buscan»? (Hebreos 11:6). El «aceite» de la unción del Santo Espíritu no va a dejar de fluir en tanto que haya vasijas para llenar (2ª Reyes 4:6). Siempre somos nosotros que tenemos la culpa si el Espíritu Santo cesa de obrar. Tristemente, Dios no puede confiar la plenitud del Espíritu Santo a algunos cristianos. Ni revelar a algunos obreros resultados concretos y definidos de sus labores. Porque su respuesta redundaría en orgullo y vanagloria. ¡No, no clamamos que Dios conceda a cada cristiano todo aquello que pide!

Como vimos en el capítulo anterior, si nuestras oraciones han de ser en su nombre, debe haber pureza de corazón, pureza de motivo, pureza de deseo. Dios es mayor que sus promesas, y a veces nos da más de lo que merecemos o deseamos, aunque no siempre es así. De modo que, si alguna petición específica no nos es concedida, podemos estar seguros que Dios nos llama a que examinemos nuestro corazón. Porque Él se ha comprometido a contestar toda oración que se le ofrece en su nombre.

Repitamos estas maravillosas palabras una vez más; y que nunca repetiremos con demasiada frecuencia: «y cualquier cosa que pidáis a mi Padre en mi nombre, la haré, para que el Padre sea glorificado en el Hijo. Si me pedís algo en mi nombre, yo 10 haré» (Juan 14:13,14).

Recordemos que no era posible que Cristo ofreciera alguna oración que no le fuera concedida. Era Dios -conocía el pensamiento de Diostenía la mente del Espíritu Santo. Por eso, dijo Jesús una vez: «Padre, si es posible...» al arrodillarse en agonía en el jardín de Getsemaní, vertiéndose en lágrimas y clamor. Sí, y fue oído a causa de su piedad (Hebreos 5:7). El designio de Dios era el Calvario, pero en su agonía, fue escuchado, no a causa de su agonía, sino por su naturaleza y de Hijo. Lo mismo sucede con nuestras propias oraciones, que son escuchadas por Dios, no porque son importantes, sino porque somos sus hijos. Hermano, no podremos nunca entender la escena de Getsemaní, que nos deja llenos de pasmo. Pero sí sabemos esto: que nuestro Señor nunca hizo una promesa que no cumpliera o que no pensara cumplir. El Santo Espíritu hace intercesión por nosotros (Romanos 8:26), y cuando es así, Dios no puede decirnos que «No». Si el Señor Jesús hace intercesión por nosotros (Hebreos 7:25), Dios no puede decirle que «No». Sus oraciones valen lo que millares de las nuestras, y es Él que nos manda que oremos.

Pero ¿no estaba San Pablo lleno del Espíritu Santo? ¿Y no es cierto que dijo: «Tenemos (tengo, pues Él está incluido) la mentalidad de Cristo»? Y sin embargo, cuando rogó tres veces que le fuera quitado un «aguijón» de la carne, Dios le dijo de modo claro que no lo haría.

No deja de ser curioso y significativo que la única petición de Pablo, que se menciona, para sus necesidades personales, fuera rechazada de plano. El problema que en esto se plantea, sin duda, es el siguiente: ¿por qué San Pablo, que tenía la «mentalidad» de Cristo, pidió algo que pronto descubrió que era contrario a los deseos de Dios? Hay muchos cristianos consagrados que al leer este pasaje se han quedado perplejos, porque tampoco a ellos Dios les ha dado algunas cosas que han pedido.

No debemos olvidar que podemos estar llenos del Espíritu Santo y, a pesar de ello, errar en nuestros juicios o deseos. Debemos recordar, también, que nunca somos llenos del Espíritu Santo una vez por todas. El Maligno está siempre en guardia y a punto para inocular en nuestra mente ideas de las suyas, de modo que pueda vengarse de Dios en nosotros. En cualquier momento podemos hacernos desobedientes e incrédulos, o podemos ser traicionados en algún pensamiento o acto contrario al Espíritu de amor.

De ello tenemos un claro ejemplo en la vida de San Pedro. En cierto momento, bajo el impulso del Espíritu Santo exclamó: «¡Tú eres el

Cristo, el Hijo de Dios viviente!». Nuestro Señor se volvió y le dijo con palabras de elogio: «Bienaventurado eres, Simón, hijo de Jonás, porque no te lo reveló carne ni sangre, sino mi Padre que está en los cielos». Sin embargo, poco tiempo después, el demonio se metió en su mente y como resultado Jesús le dice: «¡Quítate de delante de mí, Satanás!» (Mateo 16:17,23). ¡Imagínate, lector! ¡San Pedro hablando en nombre de Satanás! Y es que Satanás todavía está deseoso de «poseernos».

San Pablo fue tentado a pensar que podría llevar a cabo mucho mejor la obra por su amado Maestro si el «aguijón» le era quitado de su carne. Pero Dios sabía que Pablo sería mejor si el «aguijón» no le era quitado.

¿No es un consuelo que sepamos que a veces podemos dar más gloria a Dios sometidos a algo que nosotros consideramos un estorbo o un impedimento, que si este algo, que consideramos indeseable, nos fuera quitado? «Bástate mi gracia, porque mi poder se perfecciona en la debilidad.» (2ª Corintios 12:9) Recordemos que,

> *Dios no hace nada, ni permite que ocurra*
> *sino lo que tú mismo escogerías*
> *si pudieras ver de las cosas postreras;*
> *como Dios ve el mañana*
> *antes que el hoy transcurra.*

San Pablo no era infalible en sus criterios y apreciaciones, como tampoco lo eran Pedro ni Juan; ni lo es el Papa, ni nadie en este mundo. Todos cometemos y «ofrecemos» a menudo equivocaciones, en forma de plegarias. La fórmula más elevada de oración no es decir «Tu vía, oh Dios no la mía», seguida de resignación, sino más bien «Mi vía, oh Dios, es la Tuya», seguida de gozo. Se nos enseña a orar «Hágase tu voluntad» no «Múdese tu voluntad».

¿Puedo, lector, como conclusión, aportar el testimonio de dos personas que han demostrado que se puede confiar en Dios?

Sir H. M. Stanley, el gran explorador, escribió: «No voy a ser yo quién diga que las oraciones no son ineficaces. Cuando he orado con fervor ha habido respuesta. Cuando he pedido luz para guiar a los que me seguían con prudencia en medio de los peligros en que estaban, ha venido un rayo de luz a mi mente perpleja, y se ha abierto un camino que ha conducido a la liberación. Podemos saber cuándo la oración ha sido contestada, por el calor del sentimiento interior de satisfacción que le llena quién ha presentado su causa a Dios desde el mismo instante en que se levanta y pone en pie. Tengo evidencia, yo mismo, de que hay respuestas a la oración».

A Mary Slessor, -cuya vida y labor en África Occidental ha sido narrada en una historia que nos ha emocionado a todos[2]- le preguntaron en cierta ocasión qué significaba para ella la oración. Contestó: «Mi vida es un registro de oraciones contestadas, hechas día a día, hora a hora, pidiendo salud física, descanso para la mente, y dirección, recibida maravillosamente; para evitar peligros y errores, para que fuera sujeta la enemistad contra el evangelio, pidiendo alimento, que fue provisto exactamente cuando era necesario; en una palabra, por todo cuanto ha constituido mi limitada vida y pobre servicio. Y puedo dar testimonio, con reverencia y asombro, que me sobran razones para creer plenamente en la respuesta a la oración. ¡Tengo la más absoluta seguridad que Dios contesta la oración!».

---

[2] Publicada en español por CLIE con el título *La Reina Blanca de Okayong*.

9

CONTESTACIONES A LA ORACIÓN

Mi naturaleza humana de buena gana hubiera elegido un título más espectacular y rimbombante para este capítulo. Algo así como: respuestas extraordinarias a la oración; respuestas maravillosas; respuestas asombrosas. Pienso, no obstante, que se debe permitir a Dios que nos muestre que para Él, contestar a la oración, es algo tan natural como para nosotros el pedir. ¡Cómo se deleita escuchando nuestras peticiones y cómo se goza en contestarlas! Cuando oímos de alguien rico y poderoso que ha realizado una acción importante de caridad a favor de otras personas sumidas en la pobreza, o ha saldado el enorme déficit de alguna una sociedad misionera, exclamamos: «¡Qué hermoso es poder hacer estas cosas!» Bueno, pues si es verdad que Dios nos ama -y sabemos que es verdad- ¿no pensamos que le causará gozo poder hacer por nosotros lo que le pidamos? Creo, por tanto, que no estará de más relatar un par de respuestas a la oración entre las muchas que han llegado a mis oídos, ya que ello nos ayudará y enseñará a ser más osados al acercarnos al Trono de la Gracia. Dios salva a las personas por las que pedimos. Y esto está demostrado.

Hablando, hace unos días, acerca de este tema con un hombre de oración, me preguntó de súbito: «¿Conoce la iglesia de Santa... en L...?»

«Sí, la conozco bien, he estado allí varias veces.»

«Pues déjeme que le cuente lo que me sucedió cuando vivía allí cerca. Teníamos una reunión de oración cada domingo, antes del servicio de comunión de las ocho. Al levantarnos de la oración, un compañero del coro le dijo al vicario: "Vicario, quisiera que orara por mi hijo. Tiene ahora 22 años, y no ha pisado la iglesia desde hace años". "Muy bien", le contestó el vicario, "si quiere, podemos hacerlo ahora mismo, porque nos quedan cinco minutos". Se arrodillaron de nuevo y presentaron ante Dios una fervorosa oración en favor del joven. Y, sin saber nada de la oración, el joven asistió a la iglesia aquella misma noche. Algo que escuchó en el sermón le convenció de su pecado. Vino a la sacristía con el corazón quebrantado y aceptó a Cristo como su Salvador.

El lunes por la mañana, mi amigo, que trabajaba como capellán castrense en la parroquia, durante la reunión del personal que celebramos semanalmente, le dijo al vicario: "Lo sucedido anoche, es un reto a la oración, un reto por parte de Dios. ¿Vamos a aceptarlo?" "¿Qué quiere decir?", contestó el vicario. "Pues bien", propuso el capitán, ¿por qué no identificamos al peor hombre en toda la parroquia y oramos por él?" Hubo un acuerdo unánime y designaron a K... como el hombre con la peor conducta y mala reputación conocida en toda la parroquia. Se pusieron de acuerdo en orar por su conversión. Al final de la semana, durante el culto de oración del sábado por la noche, en la sala de misiones, y mientras tenían el nombre del individuo en cuestión en los labios, se abre la puerta y se presenta tambaleando K..., en peor que nunca, totalmente borracho. Jamás había entrado en la misión. Sin quitarse la gorra, se sentó en una silla y enterró la cabeza entre las manos. Todos los presentes se quedaron pasmados, preguntándose qué sucedería. Tal como estaba -aún medio borracho- buscó al Señor que le estaba buscando, lo aceptó como Salvador y Señor y nunca retrocedió del paso dado. Hoy es uno de los mejores misioneros en los muelles del país.»

¿Por qué no oramos por nuestros amigos no convertidos? Puede que no nos escuchen cuando hablamos con ellos, pero no pueden evitar que oremos por ellos. Que dos o tres se pongan de acuerdo para orar por ellos y veremos lo que Dios va a hacer. Hay que decírselo a Dios y confiar en Dios. Dios obra de maneras maravillosas, lo mismo que de maneras «misteriosas», y ejecuta prodigios.

Dan Crawford[1] me contó, recientemente, que en cierta ocasión, después de un período de descanso en la metrópolis, se vio en la necesidad de regresar a la misión precipitadamente. Su expedición llegó ante la corriente de un río que forzosamente debían vadear para seguir adelante, pero el río estaba en crecida, y no había botes disponibles para cruzarlo. Aunque llevaban mucha prisa por llegar, no había otra alternativa, de modo que él y su grupo acamparon junto a la orilla y oraron pidiendo a Dios una solución. Cualquier incrédulo se hubiera echado a reír ante tamaña ingenuidad. ¿Cómo podía Dios detener el río, que cada vez bajaba con más fuerza, para permitirles cruzar? Pero mientras estaban orando, un árbol enorme, cuyas raíces habían socavado los embates del agua, empezó a tambalearse, y cayó, quedando atravesado sobre la corriente, de orilla a orilla. En palabras del propio Crawford: «El Cuerpo de Ingenieros

---

[1] Dan (Daniel) Crawford (1870 – 1926), también conocido entre los nativos como «Konga Vantu». Misionero escocés de las Asambleas de Hermanos en África Central.

del cielo tendió, en pocos instantes, un puente de pontones para los siervos de Dios».

Probablemente muchos jóvenes leerán estas historias de oración que estoy contando. Quiero recordarles que Dios escucha también hoy la oración de los jóvenes, de un muchacho, o de una muchacha (Génesis 21:17). Para ellos añadiré la siguiente historia, con el intenso deseo de que la oración pueda ser su herencia, su verdadera vida; y que la oración contestada pueda ser su experiencia cotidiana.

Hace algún tiempo, un muchacho chino de doce años, de nombre Ma-Na-Si, hijo de un pastor nativo y alumno de la escuela de la misión de Chefoo, fue a su casa durante las vacaciones.

Mientras estando en la puerta de la casa, vio a un jinete que galopaba directo hacia él. El hombre -un pagano- estaba muy alterado. Pidió ansiosamente para hablar con el «hombre de Jesús», es decir, el pastor. El muchacho le dijo que su padre no estaba en casa, lo que dejó al pobre hombre totalmente desasosegado y le explicó rápidamente la causa de su visita. Había sido enviado desde un poblado cercano, a unas pocas millas de distancia, con la misión de ir a buscar al «santón» a fin de que echara el demonio de la nuera de un amigo. Le contó la triste historia de la joven, que estaba siendo destrozada por los demonios, delirante y agresiva, arrancándose el pelo, arañándose la cara, rasgándose los vestidos y tirando todo lo que encontraba en su paso. Habló de su espíritu sacrílego, su impiedad, sus blasfemias y de cómo estos ataques le hacían salir espumarajos por la boca y la dejaban exhausta, física y mentalmente. «Entiendo, entiendo, -iba replicando el muchacho una y otra vez- pero mi padre no está en casa», Finalmente, el hombre pareció entender. De repente cayó sobre sus rodillas y extendió las manos con desesperación, gritando. «Tú, también eres un hombre de Jesús, ¡ven conmigo!»

¡Un chico de doce años! Es verdad, era muy joven, pero incluso un niño, si se ha entregado a su Salvador, no teme ser usado por él. Pasada la lógica sorpresa, y un momento de duda, el muchacho se puso por completo a la disposición del Maestro. Como un nuevo Samuel, dispuesto a obedecer a Dios en todas las cosas, aceptó la llamada de Dios. El forastero saltó sobre la silla de su caballo y agarrando al muchacho cristiano y colocándole detrás emprendió de nuevo el galope.

Mientras saltaba sobre la grupa del caballo, Ma-Na-Si, empezó a pensar otra vez. Había aceptado la invitación de echar un demonio en el nombre de Jesucristo. Pero, ¿era digno de ser usado por Dios de esta manera? ¿Era su corazón lo bastante puro y su fe lo suficiente firme? A medida que galopaban iba buscando en su corazón si había algún pecado no confesado y del cual no se hubiera arrepentido. Luego pidió a Dios dirección para saber lo que debía decir y cómo debía actuar, y trató de recordar en la Biblia los casos de posesión por demonios y lo que se decía en ellos. Finalmente, de un modo simple y humilde, rogó que Dios le revistiera de su poder y misericordia, pidiendo ayuda para la gloria del Señor Jesús. Al llegar a la casa, encontraron a varios miembros de la familia que estaban sujetando a la mujer torturada en su cama. Aunque nadie le había dicho nada acerca del mensajero que habían enviado en busca del pastor nativo, cuando la mujer oyó las pisadas fuera, en el patio, empezó a gritar: «¡Todos fuera, soltadme para que pueda escapar! ¡Debo escapar! Ha venido un "hombre de Jesús". No puedo resistirlo. Su nombre es Ma-Na-Si».

Ma-Na-Si entró en la habitación, y después de un breve saludo de cortesía, se arrodilló y empezó a orar. Luego cantó un himno de alabanza al Señor Jesús. A continuación, en el nombre del Señor resucitado, glorificado y omnipotente, ordenó al demonio que saliera del cuerpo de aquella mujer. Al punto la mujer se quedó calmada, aunque agotada y postrada. Pero desde aquel día no ha vuelto a tener ataques. Se quedó asombrada cuando le dijeron que había pronunciado el nombre del chico cristiano, porque no lo conocía, nunca lo había escuchado antes, ni lo había leído en ninguna parte, pues todo el poblado era pagano. Pero aquel día fue un verdadero «nuevo nacimiento» para los de aquel poblado, porque en él, la Palabra de Dios tuvo libre curso y fue glorificada.

Querido lector, no se cuánto te haya impresionado esta breve narración. A mí me conmueve profundamente. Pues me recuerda cuán poco sabemos, la mayoría, del poder de Dios, lo poco que sabemos de su amor irresistible y abrumador. ¡Oh, qué amor tan maravilloso el suyo! Y cada vez que oramos, ese amor maravilloso nos envuelve de un modo especial.

Si de veras amáramos a nuestro bendito Salvador, tanto como decimos, ¿no buscaríamos tener comunión con Él más a menudo?

Recordemos que, como nuestro querido Salvador, no hemos sido enviados al mundo para condenarlo, no hemos sido enviados a juzgar al mundo, «sino para que el mundo sea salvo por medio de Él» (Juan 3:17).

¿Cree usted, lector, que con palabras de crítica podremos conseguir jamás acercar a nadie a Cristo? ¿Van nuestras críticas a ayudar al criticado a ser más como su Maestro? El espíritu de crítica, el buscar errores y fallos en los que nos rodean, despreciar a otros o su trabajo, el algo que debemos extirpar totalmente de nuestra vida cristiana. ¿No nos diría San Pablo: «y esto erais algunos; mas ya habéis sido lavados»? (2ª Corintios 6:11)

¡Lo que estoy insinuando es bien claro! Todas las malas disposiciones, errores y fallos que vemos en los otros tienen su origen en el diablo. Es el maligno que se introduce en nuestro corazón el causante de todas estas palabras y acciones que estamos dispuestos a juzgar y condenar en aquellos que nos rodean.

La posesión demoníaca, como tal, no es un fenómeno desconocido en Inglaterra; pero yo me refiero a otro tipo de posesión, mucho más sutil, pero no por ello menos peligrosa. Nuestros amigos y conocidos, aparentemente tan amables y cariñosos, en realidad, están atados y amarrados por algún pecado que se ha apoderado de ellos, «a quien Satán ha atado, todos estos años».

Les advertimos, pero es en vano. Les rogamos, pero es en vano. La cortesía y compasión que sentimos por ellos -y nuestros propios fallos y deficiencias- nos privan de hacerles frente con la autoridad de Ma-Na-Si en su exorcismo del espíritu maligno. Pero ¿hemos probado la oración, la oración respaldada por el amor que «no se irrita, no toma en cuenta el mal»? (1ª Corintios 13:5).

Dios contesta la oración de jóvenes y de viejos, no importa, siempre que tengan un corazón limpio, una vida santa, y una fe simple. Dios contesta la oración. Nosotros somos siervos frágiles y deficientes, en el mejor de los casos. Aunque seamos sinceros, a veces pedimos mal. Pero Dios es fiel, y ha prometido que nos guardará de todo mal y suplirá todas nuestras necesidades.

¿Puedo tener las cosas por las qué oro?
Él es quién sabe mejor
lo que tú necesitas,
deja escoger a Dios.

«Amados, si nuestro corazón no nos reprocha algo, tenemos confianza ante Dios; y lo que pedimos, lo recibimos de Él porque guardamos sus mandamientos, y hacemos las cosas que son agradables delante de Él.» (1ª Juan 3:21,22)

10

CÓMO CONTESTA DIOS A LA ORACIÓN

Que el ser humano entienda por completo y en todos sus aspectos el proceder de Dios, es totalmente imposible: «¡Oh profundidad de las riquezas de la sabiduría y del conocimiento de Dios! ¡Cuán inescrutables son sus juicios, e insondables sus caminos!» (Romanos 11:33). Pero tampoco tenemos por qué poner dificultades donde no las hay. Si Dios tiene todo poder y sabiduría, la oración no tiene porque plantearnos dificultades, aunque a veces nos deje perplejos. No podemos descubrir los métodos de Dios, pero sí sabemos algo acerca de sus métodos para contestar la oración.

Para empezar, quisiera recordar cuán limitado es nuestro conocimiento, incluso de los fenómenos normales. El gran inventor Edison, cuyo conocimiento de los secretos de la Naturaleza todos admiramos, escribió en agosto de 1921: «Aunque creemos saberlo, lo cierto es que no conocemos en profundidad ni la millonésima parte del 1% de nada respecto a las fuerzas de la naturaleza en el mundo que nos rodea. No sabemos lo que es el agua. No sabemos lo que es la luz. No sabemos lo que es la gravitación. No sabemos lo que nos permite mantenernos de pie con la cabeza arriba. No sabemos qué es la electricidad, ni el calor. No sabemos casi nada de magnetismo. Trabajamos sobre un montón de hipótesis, pero esto es todo». Sin embargo, esta ignorancia no nos priva de hacer uso de ellas. De igual forma, cabe decir que no sabemos mucho acerca de la oración, pero esto no tiene porque privarnos de hacer uso pleno de ella. Sabemos lo que el Señor nos ha enseñado acerca de la oración. Y sabemos que Él ha enviado al Espíritu Santo para enseñarnos todas las cosas (Juan 14:26). Veamos, pues, lo que sabemos de cómo contesta Dios la oración.

Cuando oramos, Dios nos abre y revela Su pensamiento y voluntad. Su Santo Espíritu introduce nuevas ideas en la mente de los que oran. Con frecuencia nos damos cuenta de como el diablo y sus ángeles se ocupan de ir introduciendo constantemente en nuestras mentes sus ideas malignas. ¿Por qué no hemos de aceptar que Dios y sus ángeles nos proporcionan de mismo modo ideas santas y buenas? Si hombres y mujeres de carne y hueso, débiles y pecadores, tienen la facultad de introducir ideas en la mente de otros, -¿acaso no es lo que estoy haciendo ahora mismo al escribir?- ¡cuánto más puede hacerlo Dios! Pocas veces nos paramos a pensar en lo maravillosos que son estos signos negros que hacemos sobre un papel blanco, y la potencia que tienen para instruir, convencer, elevar e inspirar a otros; y también para convencernos de pecado. Para nosotros, que los hemos aprendido desde la infancia y estamos acostumbrados a usarlos, son algo natural, pero para un aborigen de las selvas, sin instrucción, son un milagro extraordinario.

También, podemos leer en el rostro de otros, por la expresión de sus facciones, los deseos y pensamientos que hay en su mente, si están alegres o tristes, preocupados o despreocupados, si son receptivos o adversos a lo que decimos. Incluso la telepatía, la transferencia cerebral del pensamiento entre una persona y otra se plantea, hoy en día, como una posibilidad. ¿Y vamos a dudar de que Dios disponga de infinitas maneras de inculcarnos sus ideas a nosotros? Un conferenciante en Northfield, el año pasado nos contó un ejemplo notable de esto. Dijo que unos tres o cuatro años atrás, conoció a un viejo capitán ballenero, que le contó la siguiente historia:

«Hace muchos años, estaba navegando por la costa desolada del Cabo Hornos, cazando ballenas. Íbamos en dirección hacia el Sur, y el viento nos venía de proa. Era bastante recio. Navegábamos en bordadas, virando a uno y otro lado, para ganarle al viento, pero a pesar de todo avanzábamos muy lentamente. Hacia las 11, mientras estaba al timón, me vino de repente una idea: "¿Por qué empeñarse en luchar contra el viento y las olas de esta manera? Las posibilidades de que hubiera ballenas hacia el sur eran las mismas que hacia el norte. ¿Por qué no navegar con el viento en vez de contra el viento?" Cambié el rumbo del barco, y empezamos a navegar hacia el norte. Una hora después, hacia mediodía, el vigía en el mástil gritó: "¡Botes a la vista!" Al poco alcanzamos cuatro botes, con catorce marineros, los únicos supervivientes de la tripulación de un barco que se había incendiado hacía diez días. Estos hombres habían ido a la deriva desde entonces, orando a Dios frenéticamente por su salvación. Llegamos justo a tiempo para salvarlos, porque no habrían podido sobrevivir mucho más».

Y el viejo ballenero añadió: «No sé si ustedes son religiosos o no, pero yo soy cristiano. Y empiezo cada día con una oración a Dios pidiéndole que me use para ayudar a alguien. Por ello, estoy convencido que aquel día, Dios puso en mi cabeza la idea de cambiar el rumbo del barco. Y esta idea salvó catorce vidas, en contestación a las oraciones de catorce marineros».

Dios tiene muchas cosas que decirnos. Muchos pensamientos que desea introducir en nuestra mente. Lo que sucede es que a menudo estamos tan ocupados haciendo su obra que no nos queda tiempo para escuchar su Palabra. La oración da a Dios la oportunidad para hablarnos y revelarnos su voluntad. ¡Qué nuestra actitud sea, por tanto, con frecuencia!: «Habla, Señor, que tu siervo oye».

Otras veces, Dios contesta nuestras oraciones poniendo ideas en la mente de aquellos por los que oramos. En una serie de mensajes sobre «La Vida Victoriosa», una tarde, predicando, dije a la congregación que si querían vivir una vida santa, debían resolver sus diferencias con otros. Una señora, se fue directamente a su casa, y después de una ferviente oración, escribió a su hermana, con la cual había tenido un desacuerdo, y con la que no se había hablado desde hacía veinte años. La hermana vivía a unas treinta millas. El día siguiente, recibió a su vez una carta de la otra hermana, que también había estado en la reunión, pidiéndole perdón y buscando reconciliación. Las dos cartas se habían cruzado en el correo. Mientras una hermana estaba orando a Dios por la otra, Dios estaba hablando a la otra hermana y le ponía en la cabeza el deseo de reconciliación y la idea de escribir.

Puede, lector, que se pregunte: «¿y por qué no puso Dios en la cabeza de ambas el deseo de reconciliación mucho antes?» Es posible que Dios viera de antemano que sería inútil que una escribiera pidiendo perdón a otra, hasta que la otra estuviera dispuesta a concedérselo. De lo que no hay duda es de que, cuando oramos por otros, de una manera u otra, estamos abriendo el camino para que Dios influencie a aquellos por los que oramos. Dios necesita nuestras oraciones; de lo contrario no nos diría que oráramos.

Hace algún tiempo, al final de una reunión de oración semanal, una mujer piadosa, pidió a los presentes que oraran por su marido, que se negaba poner sus pies en un lugar de culto. El líder del grupo, sugirió que lo hicieran de inmediato, allí mismo. Se ofrecieron fervorosas oraciones. El marido, que apreciaba mucho a su esposa, con frecuencia iba a buscarla a la reunión de oración. Y eso es, precisamente, lo que hizo aquella noche. Llegó a la calle, y se quedó en la puerta para esperarla afuera, como solía hacer. Pero aquel día, Dios puso en su mente la idea de abrir la puerta y esperarla dentro, algo que no había hecho nunca. Y al sentarse en una silla en el fondo, no pudo por menos que oír las fervientes oraciones de intercesión. Camino de casa le preguntó a su esposa: «Querida, ¿quién era el hombre por el que orabais esta noche con tanta insistencia?» La esposa, temerosa de ofenderle, buscó una respuesta de compromiso: «Era el marido de una de nuestras obreras». «Vaya», le contestó el marido, «pues no me cabe duda de que este hombre va a ser salvo, pues no creo que Dios pueda dejar de contestar oraciones así». Un poco más tarde, aquella misma noche, volvió a preguntar: «¿Quién era el hombre por el que orabais esta noche?». La esposa le dio la misma respuesta. Pero al retirarse a dormir, el marido no podía dormir. Sentía una profunda convicción de pecado, y despertando a su esposa, le pidió que orara por él.

¡Cuán claramente nos muestra esto que cuando oramos, Dios obra de la manera más eficaz! De hecho, podía haber sugerido en la mente de aquel hombre que entrara en la reunión de oración muchas semanas, incluso meses antes. Pero de haberlo hecho, es muy discutible si hubiera sacado algún beneficio de ello. Fue cuando se estaban ofreciendo aquellas sentidas y ardientes oraciones en favor suyo, cuando Dios vio que era el momento propicio para ejercer una profunda influencia en él, y obró en consecuencia.

Cuando oramos a Dios, es cuando le facultamos a Él para ayudarnos en nuestra obra y corroborar nuestra resolución. Porque muchas de nuestras oraciones, las podemos contestar nosotros mismos. Un invierno muy frío, un campesino oró, en el culto de familia, pidiendo a Dios que cuidara de su vecino, que había tenido una mala cosecha, para que no muriera de hambre. Cuando hubo terminado la oración, su hijo le dijo: «Papá, no creo que hubiera necesidad de molestar a Dios pidiendo esto». «¿Por qué?», le dijo su padre. «Porque esto lo podemos arreglar nosotros llevándole comida.» No hay la menor duda que si oramos por otros a la vez, nos sentiremos estimulados a ayudarles también.

Un joven convertido, se acercó en cierta ocasión al pastor ayudante de su iglesia pidiéndole algo que pudiera hacer para Cristo. «Tienes algún compañero», le dijo. «Sí», fue la respuesta del joven. «¿Es cristiano?», le preguntó el pastor. «¡Oh, no, lleva una vida tan desordenada como yo llevaba antes!» «Pues bien, vas y le invitas a que acepte a Cristo como su Salvador.» «¡Eso no!», dijo el chico, «eso no soy capaz de hacerlo. ¿Por qué no me da otra cosa?» «Bueno», dijo el pastor, «prométeme, pues, dos cosas: que no le hablarás de su alma ni de cosas espirituales, pero que orarás por él dos veces cada día, para que se convierta». «Eso sí que lo haré de buena gana», contestó el joven. No habían transcurrido quince días, cuando el joven regresó corriendo a ver al pastor. «Tiene que liberarme de mi promesa: necesito hablar con mi compañero de su alma.» Cuando empezó a orar a Dios por su compañero, Dios le dio la fuerza necesaria para dar testimonio. Nuestra comunión con Dios es esencial como requisito previo a una verdadera comunión con nuestro prójimo. Pienso que mucha gente habla tan poco con aquellos que les rodean, acerca de su condición espiritual, porque oran muy poco por ellos.

Nunca he olvidado como, mi fe en la oración, se vio confirmada y fortalecida cuando, siendo yo un chiquillo de trece años, cierto día, pedí a Dios que me concediera hacer veinte nuevos suscriptores para las misiones de ultramar. Al finalizar el día, tenía veinte nombres nuevos en la lista. La consciencia de que Dios había contestado mi oración fue un incentivo para redoblar mis esfuerzos, y me dio un ánimo inesperado y diferente para afrontar otras situaciones.

Un pastor en Inglaterra sugirió en cierta ocasión a los miembros de su congregación que deberían orar cada día por el peor hombre o mujer que conocieran, y luego, ir y hablarles de Jesús. Sólo seis prometieron hacerlo. Al llegar a su casa, se dijo: «No debo dejar esto sólo para mi gente. Yo mismo debo hacerlo. No conozco a gente viciosa y por tanto lo único que puedo hacer es ir y buscarlos». Acercándose a un individuo de mala catadura en una esquina le preguntó: «¿Es usted el peor sujeto en el barrio?» «No», fue la respuesta. «Pues… oiga…», le pidió el pastor, «¿puede decirme quién es?» «No hay inconveniente», le contestó el hombre. «Lo hallará en la casa número 7 de esta calle.»

El ministro llamó a la puerta del número 7 y entró. «Estoy buscando al peor hombre de mi parroquia. Me dicen que es usted.» «¿Quién le dijo semejante calumnia? ¡Hágale venir y le demostraré cuál de los dos es peor! ¡No! Hay muchos que son peores que yo.» «Bueno, pues, ¿dígame usted quién es el peor hombre de la ciudad?» «Vive al final de aquel patio. Él es el peor.» Así que el ministro fue al patio y llamó a la puerta de la casa. Desde dentro gritaron: «¡Pase!»

Dentro de la casa, había un hombre con su esposa. «Ruego que me disculpen, pero soy el pastor de la iglesia de la calle... y estoy buscando a la persona con la peor conducta en mi barrio, porque tengo que darle buenas noticias. ¿Es usted? El hombre se volvió hacia su esposa y le dijo: «Mujer, repítele lo que te dije hace cinco minutos». «Díselo tú mismo», fue la respuesta de la mujer. «¿Y qué le estaba diciendo?», preguntó el pastor. «Bueno, vengo emborrachándome a diario desde hace doce semanas. He tenido *delirium tremens* y he estado con alucinaciones por todas partes. He empeñado todo lo que tengo de valor en la casa, y hace cinco minutos le decía a ella: "Mira, esto debe acabar, y si no se acaba, lo acabaré yo mismo -voy a tirarme al río". Y entonces usted llamó a la puerta. Sí, pastor, soy el peor hombre del barrio. ¿Qué es lo que quiere decirme?» «Pues estoy aquí para decirle que Jesucristo es el Salvador, y que Él puede cambiarle del peor hombre del barrio en el mejor. Hizo esto por mí, y lo hará por usted.» «¿Cree usted que puede hacerlo de veras?» «Estoy seguro que puede. Arrodíllese aquí mismo y vamos a pedírselo.»

Este borracho empedernido fue salvado de sus pecados y hoy es un cristiano gozoso, que lleva a otros borrachos a Jesucristo.

Sin duda, ningún cristiano considera difícil creer que Dios tiene poder suficiente para, en respuesta a la oración, curar a una persona, ¿cierto? y ¿cómo lo hace?

Estamos hablando de Dios, cuyo poder y conocimiento son infinitos. Y que, por tanto, puede sanarla de igual modo, bien por un acto soberano de su voluntad, como poniendo en la mente del médico el prescribir la medicina adecuada. Toda la habilidad de los médicos viene de Dios. Él conoce nuestro cuerpo, porque lo hizo, como dijo el salmista. Él sabe más que cualquier médico o especialista, y puede restaurarlo cuando Él quiera, si ése es su deseo. Ciertamente, creemos que Dios usa la habilidad de los médicos, pero creemos también que Dios, con su poder, puede curar, y lo hace a veces, sin necesidad de la cooperación humana. Y nuestro deber es dejar que obre según sus métodos. No tenemos por qué atar las manos a Dios pretendiendo que se ajuste a nuestros métodos. El propósito de Dios, al contestar nuestras oraciones, es la gloria de su nombre. Y sabe cuando nuestro deseo es correcto y cuando nuestra petición es equivocada. San Pablo estaba convencido de que el quitarse la espina que le afligía en su carne sería para la gloria de Dios, pero Dios sabía que Pablo sería mejor y trabajaría mejor si no se la quitara. Así que Dios dijo, ¡no! a sus oraciones, y luego, le hizo ver por qué.

Lo mismo ocurrió con Santa Mónica, que durante muchos años estuvo orando incesantemente por la conversión de su licencioso hijo, Agustín. Cuando Agustín decidió dejar la casa paterna y cruzar el mar para ir a Roma, ella rogó intensamente, incluso con pasión, que Dios estorbara sus planes, y que lo mantuviera a su lado, bajo su influencia. Hasta el punto que fue a pasar la noche en oración a una capillita junto a la orilla, cerca del lugar donde el barco había anclado. Pero, a la mañana siguiente, comprobó desolada que el barco había zarpado mientras ella oraba. Su petición había sido rechazada, pero su verdadero deseo le había sido concedido. Porque fue precisamente en Roma donde Agustín se encontró con San Ambrosio que le condujo a Cristo. ¡Qué consuelo saber que Dios sabe hacer las cosas mejor que nosotros!

Ello no implica, sin embargo, que en muchas ocasiones Dios haga que ciertas cosas dependan de nuestras oraciones. Algunos dicen que si Dios realmente nos amara nos daría aquello que es mejor para nosotros, tanto si se lo pedimos como si no lo pedimos. El doctor Fosdick[1]

---

[1] Harry Emerson Fosdick (1878-1969), pastor bautista y teólogo norteamericano, autor del libro *El significado de la fe,* y blanco de numerosos ataques a causa de sus teorías sobre el nacimiento virginal de Cristo y la inerrancia de la Escritura, tachadas de liberales.

afirma que Dios ha dispuesto que el hombre participe por sí mismo en muchas cosas. Él promete dar sazón para la siembra y para la cosecha, pero, el hombre, debe antes preparar la tierra, sembrarla y cultivarla, para que Dios pueda hacer la parte que le corresponde. Dios ha provisto el alimento y bebida para nuestro sustento, pero deja que nosotros comamos y bebamos. Hay algunas cosas que Dios no puede, o por lo menos no quiere, hacer sin nuestra cooperación.

Dios diseñó y dispuso las leyes físicas del universo, desde sus orígenes, para nuestro beneficio y provecho. Pero no puso un letrero visible en el firmamento para explicárnoslas, más bien quiso que nosotros desarrolláramos nuestra inteligencia a través del pensamiento científico. Las leyes naturales han estado siempre allí, pero a nosotros corresponde descubrirlas, una a una, y experimentar con ellas, buscando la forma de usarlas para nuestro beneficio y para la gloria de Dios. Dios quiere que aprendamos a pensar.

Dios rellenó de mármol el interior de las colinas, pero no ha construido las catedrales. Escondió mineral de hierro en el corazón de las montañas, pero no hizo engranajes ni locomotoras. Quiere que las hagamos nosotros, que pongamos en ello nuestro empeño y esfuerzo. Dios quiere que aprendamos a trabajar.

Sabiendo, pues, que Dios ha dejado que muchas cosas dependan de la mente y los brazos del hombre, ¿qué razón tenemos para dudar de que haya dejado que otras dependan de su oración? No hay duda, que las ha dejado. «Pedid y recibiréis.» Hay cosas que Dios no nos da a menos que se las pidamos. Juntamente con el pensar y el trabajar, la oración es una de las tres maneras en que el hombre puede cooperar con Dios, y por cierto la principal.

No en vano los hombres de poder son, sin excepciones, hombres de oración. Dios concede la plenitud del Espíritu Santo únicamente a los hombres de oración. Y es por medio de la acción del Espíritu que nos llega la respuesta a la oración. No hay duda que todo creyente tiene el Espíritu de Cristo morando en él, porque «si alguien no tiene el Espíritu de Cristo, el tal no es de Él». Pero aquellas personas cuya oración prevalece es porque han alcanzado la plenitud del Espíritu de Dios.

Una misionera me comentó, recientemente, que de «Hyde, el hombre que ora» solía decirse que no había una sola persona no creyente a la que él hubiera hablado del Evangelio que no acabara convirtiéndose al cabo poco tiempo. Si fallaba en su primer intento de llegar a su corazón, se retiraba a su habitación y luchaba en oración hasta que Dios le mostraba que había hecho mal, y que cosa en él había impedido que Dios lo usara. Cuando estamos llenos del Espíritu de Dios no podemos por menos que influenciar a los que nos rodean para llevarlos a Dios. Pero, para gozar de ese poder para con los hombres, antes debemos ser nosotros poderosos en Dios.

De modo, querido lector, que la pregunta capital que debemos hacernos, y sin falta, no es tanto: «¿Cómo contesta Dios la oración?» sino más bien: «¿Oramos, verdaderamente?» Eso es lo que en realidad debe preocuparnos. ¡Pensemos en el poder tan maravilloso que Dios pone a nuestra disposición! ¿Vale la pena dejar que algo en nosotros interfiera con él? Amigo lector, querido hermano, confía absolutamente en Cristo, sin reservas mentales, y hallarás que Él es digno de toda confianza.

11

OBSTÁCULOS A LA ORACIÓN

Escribió el poeta, y a menudo cantamos a todo pulmón, aquella estrofa que dice:

Cuando al trono de Dios nos acercamos,
¿con qué obstáculos nos enfrentamos?

Ciertamente, hay obstáculos. Pero, de nuevo, debemos reconocer que muchos de esos obstáculos los hemos creados nosotros mismos.

Dios quiere que oremos. El diablo no quiere que lo hagamos y, como es de suponer, hace todo lo posible para impedirlo. Sabe que con nuestras oraciones podemos conseguir mucho más que con nuestro trabajo. Y preferiría que estuviéramos haciendo cualquier otra cosa antes que orando. No en vano sigue diciendo el poeta:

Hay ángeles malos que cierran el paso
de aquellos que acuden al trono de Dios.
En formas sutiles, les tiende su lazo.
y una vez caídos, Satán gana el caso,
pues oran en vano, ¡nadie oye su voz!

Pero, cuando nuestros ojos han visto el rostro del Señor, no debemos ya temerles ni prestarles mayor atención, porque sabemos que los ángeles de Dios nos protegen de ellos. Las huestes del mal son los causantes de los pensamientos erráticos que se introducen en nuestra mente y bloquean nuestra oración. Tan pronto como nos arrodillamos para orar, «recordamos» algo pendiente, viene a nuestra mente la idea de algo que debíamos hacer y que sería mejor hacer de inmediato.

Tales pensamientos vienen de fuera, y sin duda, son instigados por los espíritus del mal. La única cura para estas ideas erráticas es centrar nuestra mente en Dios. No hay duda que el hombre es el peor enemigo de sí mismo. Pero la oración es, para los hijos de Dios, un arma eficaz, y todo aquel que es un hijo de Dios, debe orar.

La cuestión es preguntarnos: «¿Estoy albergando a estos enemigos en mi corazón? ¿Tengo a los traidores afincados dentro de mí? Dios no puede otorgarnos sus bendiciones espirituales a menos que cumplamos las condiciones necesarias, de confianza, obediencia y servicio. Con frecuencia pedimos con anhelo dones espirituales elevados, sin pensar siquiera en si reunimos las condiciones necesarias para ello. Pedimos bendiciones que no somos aptos para recibir.

¿Nos atrevemos a ser sinceros con nosotros mismos en la presencia de Dios? ¿Nos atrevemos a decir con toda honestidad: «Escudríñame, oh Dios, y ve...»? ¿Hay algo en mí que estorba las bendiciones de Dios, para mí y a través de mí? Debatimos y analizamos acerca de «da problemática de la oración» cuando en realidad el problema somos nosotros; nuestra vida, nuestro carácter, nuestros pensamientos, es lo que en realidad necesita ser discutido y analizado. La oración no plantea ninguna dificultad. Para el corazón que está firme en Cristo, la oración no tiene problemas.

No voy a citar los habituales textos de la Biblia que muestran como puede llegar a frustrarse la oración. Sólo pido que cada cual dé una mirada a su propio corazón. Y lo haga, consciente de que hay pecado tan pequeño que no pueda convertirse en estorbo a la oración, y más aún, quizá transforme incluso la propia oración en pecado si no estamos dispuestos a renunciar a él. Los musulmanes tienen un proverbio que dice: «Si no hay pureza no hay oración; y si no hay oración, no hay agua del cielo para beber». Esto es algo que la Escritura deja muy claro, tan claro, que es sorprendente que alguien trate de compaginar ambas cosas: la oración y el pecado. Pues, a pesar de ello, son muchos los que lo hacen.

David exclamó, hace siglos: «Si en mi corazón hubiese acariciado yo la iniquidad, el Señor no me habría escuchado» (Salmo 66: 18). Isaías dice: «Pero, vuestras iniquidades han hecho separación entre vosotros y vuestro Dios, y vuestros pecados han hecho ocultar de vosotros su rostro para no escucharos» (Isaías 59:2).

No cabe otra salida que admitir y reconocer que es el pecado que hay en nosotros y no falta de voluntad de Cristo a escuchar lo que estorba la oración. Por regla general, lo que estorba y echa a perder la vida de oración suelen ser, como se dice, «pecaditos», pecados pequeños, He aquí algunos ejemplos:

1) La duda. Nuestra falta de fe suele ser, probablemente, el mayor obstáculo a la oración. El Señor dijo que el Espíritu Santo redargüiría al mundo de pecado; «de pecado, por cuanto no creen en mí» (Juan 16:9). Sabemos que somos «del mundo» y sin embargo, ¿podemos negar que hay todavía en nosotros mucha incredulidad práctica? Santia-

go, escribiendo a los creyentes, les dice: «Pero pida con fe, no dudando nada; porque el que duda es semejante a la ola del mar, que es arrastrada por el viento y echada de una parte a otra. No piense, pues, este hombre, que recibirá cosa alguna del Señor (Santiago 1:6,7). Algunos no tienen porque no piden. Otros «no tienen» porque no creen. ¿No le ha llamado la atención, lector, que pasáramos tanto tiempo hablando de adoración y acción de gracias, antes de adentrarnos en tratar el tema de «el pedir»? Pero, era indispensable, puesto que si de entrada conseguimos una visión clara de la gloriosa majestad de Nuestro Señor, y de las maravillas de su amor y gracia, la incredulidad y la duda desaparecen como la niebla al levantarse el sol. Ésta es la razón por la que Abraham «no vaciló, por incredulidad, ante la promesa de Dios, sino que se fortaleció en fe, dando gloria a Dios, plenamente convencido de que era también poderoso para hacer lo que había prometido» (Romanos 4:20,21). Sabiendo, pues, lo que puede hacer el incomparable amor de Dios, ¿no es sorprendente que todavía tengamos dudas?

2) El Yo. En segundo lugar, tenemos el yo, la raíz de todo pecado. ¡Cuán egoístas somos y qué dispuestos estamos a serlo, incluso en nuestras «buenas obras»! Y como vacilamos cuando se trata de renunciar a aquello a lo que se aferra el yo. Sin embargo, sabemos que una mano repleta no puede recibir regalos, ni aun de Cristo. Fue por esto que el Salvador, en la oración modelo que enseñó, puso el «yo» o lo que es igual, el «nosotros» por todas partes: «Nuestro... danos..., perdónanos..., líbranos...».

El orgullo es un serio impedimento a la oración, porque la oración es algo que nos pone en una posición de humildad. ¡Cuán odioso debe resultar el orgullo a los ojos de Dios! Es Dios que nos da todas las cosas, para que disfrutemos de ellas. «¿Qué tienes que no hayas recibido?» (1ª Corintios 4:7). Cierto, cierto, no vamos a dejar que el orgullo, que es algo aborrecible eche a perder nuestra vida de oración. Dios no puede hacer grandes cosas con nosotros, ni otorgarnos grandes victorias si ve que estas victorias han de llevarnos a «perder la cabeza». A veces insistimos equivocadamente, porque si realmente obtuviéramos lo que pedimos, sería un grave perjuicio para nuestra santidad: «y les dio lo que le pidieron, mas envió mortandad sobre ellos» (Salmos 106:15).

Señor, sálvanos de esto, sálvanos de nuestro propio yo. ¡Oh, Dios nuestro!, sálvanos de nosotros mismos. El yo se afirma criticando a los demás. Que esta verdad quede incrustada en nuestra mente. Cuanto más una persona es como Jesús, menos juzga a los demás. Esta es la prueba infalible. Los que suelen vivir criticando a los demás, se han apartado de Cristo. Puede que todavía sean suyos, pero han perdido el Espíritu de amor. Querido lector, si usted reconoce que tiene tendencia a criticar, más le vale que comience a trabajar y esforzarse en enmendarse a sí mismo que en querer enmendar al prójimo. ¡Estoy seguro que le va a costar mucho más trabajo! ¿Qué decir esto es una impertinencia? ¿Un comentario cáustico? ¿Qué decir eso demuestra en mí una tendencia a cometer el mismo pecado -porque es un pecado- que estoy condenando? Lo sería si lo dijera a una sola persona, pero lo digo en sentido genérico. Mi objetivo es perforar una armadura que parece invulnerable. Por otra parte, nadie que haya conseguido abstenerse, durante un mes, de «comprometer» la reputación de los demás, volverá a sentir el deseo de murmurar. «El amor es paciente, es servicial» (1ª Corintios 1:4). ¿Lo somos nosotros?

Cuando conseguimos poner en evidencia a los demás, criticándoles, ¿qué provecho sacamos? Por el contrario, cuando rehusamos pasar información que humilla a nuestros semejantes, aumentamos nuestro propio gozo espiritual y nuestro testimonio personal de Cristo. Hemos de abstenernos de juzgar la vida y la conducta de las demás personas. Puede que sea difícil al principio, pero a la larga produce una mayor satisfacción y aumenta el bienestar común. Cuando más difícil es callarse es ante las «herejías doctrinales». «¿No se nos dice que «contendáis ardientemente por la fe que ha sido transmitida a los santos de una vez por todas?» (Judas 3) A veces, no nos queda otro remedio que hablar alto, pero hemos de hacerlo siempre en espíritu de amor. Sabiendo que: «Es mejor dejar vivir al error que matar al amor».

Debemos evitar el buscar faltas, fallos y errores en los demás, incluso en nuestras oraciones privadas. Recordemos la historia que hemos contado acerca de «John Hyde, el hombre que ora» y su plegaria por el «hermano frío». El espíritu de crítica destruye la santidad de la vida cristiana más fácilmente que cualquier otra cosa, porque es un pecado considerado como respetable, y es tan común que todos nos hemos contagiado de él. Apenas queda añadir que cuando un creyente está lleno del Espíritu de Cristo -que es amor- nunca hablará a otros acerca de un comportamiento poco cristiano que haya presenciado o detectado en otro hermano. Ni usará de expresiones tales como «se comportó de un modo ordinario conmigo»; «es un creído»; «no lo puedo tragar»; y cosas semejantes, que son innecesarias y poco amables, aparte de ser falsas la mayoría de las veces.

Nuestro Señor sufrió, soportó toda clase de calumnias y ataques, pero nunca se quejó por ello o esparció críticas sobre los demás. ¿Por qué hemos de hacerlo nosotros? Si Cristo ha de reinar en nuestro corazón, nuestro Yo debe ser destronado. No podemos servir a dos señores. Recordemos lo que Dios dijo de algunos líderes religiosos:

«Estos hombres han puesto sus ídolos en su corazón...; ¿acaso he de ser consultado yo en modo alguno por ellos?» (Ezequiel 14:3).

Cuando nuestro objetivo es sólo la gloria de Dios, entonces es cuando Dios puede contestar nuestras oraciones. Cristo mismo, y no sus dones, es lo que debemos desear. «Pon tu delicia en Jehová, y él te dará las peticiones de tu corazón.» (Salmo 37:4)

«Amados, si nuestro corazón no nos reprocha algo, tenemos confianza ante Dios; y lo que le pedimos, lo recibimos de él, porque guardamos sus mandamientos, y hacemos las cosas que son agradables delante de él.» (1ª Juan 3:21,22).

Que muchos creyentes piden, y no reciben, porque piden mal, para gastarlo en sus deleites, es decir, en satisfacer su ego, en su Yo, es tan real y cierto hoy, como lo era en los primeros días del cristianismo (Santiago 4:3).

3) La falta de amor. La ausencia de amor en el corazón es posiblemente el mayor obstáculo a la oración. Un espíritu de amor es condición indispensable para la oración de fe. No podemos estar mal con los hombres y bien con Dios. El espíritu de oración es esencialmente un espíritu de amor. La intercesión es simple y llanamente amor hecho oración.

> *Ora mejor aquel que mejor ama*
> *a todas las cosas, pequeñas o grandes,*
> *pues Dios creador fue el que nos hizo a todos,*
> *y ama también a todos por igual.*

¿Nos atreveremos a odiar y aborrecer a aquellos a quienes Dios ama? Si lo hacemos no poseemos el Espíritu de Cristo. Si queremos que la oración sea en nuestra vida cristiana algo más que un mero formulismo, hemos de tener el valor suficiente para enfrentar esta realidad en nuestra fe. El Señor no tan sólo dice: «Amad a vuestros enemigos, bendecid a los que os maldicen, haced bien a los que os aborrecen, y orad por los que os ultrajan y os persiguen»; sino que además añade: «Para que así lleguéis a ser hijos de vuestro Padre que está en los cielos» (Mateo 5:44,45).

Mucho me temo que hay un buen número de cristianos que nunca ha reflexionado sobre este punto. Cuando uno escucha ciertos comentarios acerca de como algunos obreros cristianos hablan de otros con los cuales no están de acuerdo, no puede por menos que preguntarse si han leído alguna vez ese mandato del Señor.

Nuestro comportamiento en vida cotidiana, en el mundo, es la mejor indicación de nuestro poder en la oración. Dios valora nuestras oraciones no según el espíritu y tono que mostramos cuando estamos orando, sea en público o en privado, sino más bien según el espíritu que mostramos en nuestra vida diaria.

Las personas de carácter agresivo sólo pueden ser personas débiles y retraídas en la oración. Si no obedecemos el mandato de amarnos los unos a los otros, nuestras oraciones serán prácticamente sin valor. Si albergamos un espíritu incapaz de perdonar, orar, es prácticamente perder el tiempo.

Se dice que un decano prominente de una de nuestras catedrales, hizo la afirmación de que hay personas a las que no podemos perdonar nunca. De ser así, supongo que este eminente clérigo debe usar una forma abreviada del Padre nuestro, porque Cristo nos enseñó a orar. «Perdónanos... como nosotros perdonamos...» y aún dice más. Dice: «Si no perdonáis a los hombres sus ofensas, tampoco vuestro Padre os perdonará vuestras ofensas» (Mateo 6:15). Ojalá seamos capaces de mostrar el Espíritu de Cristo, y evitemos así perdernos el perdón del Padre, que tanto necesitamos. ¿Cuántos de mis lectores, que no tienen la menor intención de perdonar a sus enemigos, o incluso a sus amigos que le han ofendido, han repetido, hoy mismo, el Padrenuestro?

Hay muchos cristianos que impiden toda oportunidad de que su oración sea contestada, simplemente por esta causa. No por falta de sinceridad, sino porque no piensan que sea tan importante. La culpa la tenemos, en realidad, los líderes, los que predicamos y enseñamos. Tenemos tendencia a teorizar, a enseñar doctrina en vez de dar ejemplo. Y esto hace que muchos que desean obrar con rectitud, se limitan a conceptos fundamentales, sin prestar atención a los pequeños detalles en la vida de amor.

El Señor va tan lejos en su exposición acerca del perdón, que dice que incluso si estamos presentando nuestras ofrendas sobre el altar, y allí nos acordamos de que nuestro hermano tiene algo en contra nuestro, Dios no aceptará las ofrendas si antes no hemos hecho todo lo posible por nuestra parte para reconciliarnos. Y tampoco es probable que acepte nuestras oraciones. Cuando Job dejó de contender con sus «amigos» después de haber orado por ellos, (Job 42:10) ¡entonces! fue cuando el Señor aumentó al doble todos sus bienes anteriores.

¡Cuán lentos somos para darnos cuenta que hay en nuestras vidas detalles que estorban nuestras oraciones, y cuán de mala gana los vemos! Qué poco dispuestos estamos para amar a los que nos rodean. ¿Deseamos «ganar» almas para Cristo? El Señor nos muestra una manera segura de conseguirlo: no divulgar sus errores y sus faltas. Habla con tu hermano a solas, y «si te escucha has ganado a tu hermano»

(Mateo 18:15). La mayoría, lo que hacemos, más que ganarles es agraviarles.

Incluso nuestra vida en familia puede convertirse en un estorbo para la vida de oración. Recordemos lo que dice Pedro acerca de la necesidad de vivir en el hogar de tal forma que nuestras «oraciones no sean estorbadas» (1ª Pedro 3:1-10). Queremos apremiar a cada uno de nuestros lectores a que pida a Dios que escudriñe de nuevo su corazón para mostrarle si hay en él alguna «raíz de amargura» contra alguien. Progresaríamos muchísimo, en nuestra vida espiritual, si decidiéramos hacer el intento de no orar hasta que hayamos hecho todo lo que esté en nuestra mano para hacer las paces y restablecer la armonía con cualquiera con el cual estemos en liza o tengamos una desavenencia. Pues hasta que lo hagamos, nuestras oraciones difícilmente podrán ser contestadas. Los sentimientos hostiles hacia otro son un obstáculo insalvable para que Dios nos ayude en la forma que desea.

Una condición esencial para la oración de fe, es vida de amor. Dios nos reta hoy a que nos hagamos aptos para recibir sus más ricas bendiciones. La decisión es nuestra. A nosotros nos toca elegir si preferimos aferrarnos a un espíritu agrio y no perdonador, o acceder a las misericordias benignas y tiernas de nuestro Señor Jesucristo. Y visto de ese modo, uno no puede dejar de preguntarse ¿es posible que alguien pueda estar sopesando por qué lado decidirse, cuando los platillos de la balanza son tan desiguales? El odio y la amargura causan mucho más daño al amargado que a su adversario.

«Y siempre que os pongáis de pie a orar, perdonad, si tenéis algo contra alguien, para que también vuestro Padre, el que está en los cielos, os perdone vuestras transgresiones.» (Marcos 11:25) Esto es lo que dijo nuestro bendito Salvador. No tenemos otra posibilidad, por tanto, de elegir entre perdonar o dejar de orar. ¿De qué aprovechará a una persona dedicarse a orar día y noche, si alberga en su corazón una falta de amor que le imposibilita para la oración verdadera? ¡Cómo se ríe el diablo de nosotros cuando no vemos esta verdad!

La palabra de Dios que nos dice, con la mayor claridad, que la elocuencia, el conocimiento, la fe, la generosidad y aun el martirio, no de nada aprovechan, si el corazón no está lleno de amor (1ª Corintios 13). «Por tanto, lo más grande es el amor.»

4) El negativismo. La negativa a hacer nuestra parte en la obra de Dios obstaculiza que Dios conteste nuestras oraciones. El amor mueve siempre a compasión y servicio ante la visión del pecado y el sufrimiento, bien sea en nuestra propia nación, como en otros países del mundo. Éste es el sentimiento que invadió el corazón de San Pablo cuando se sintió «deshecho, conmovido, provocado, indignado» al

contemplar la ciudad de Atenas llena de ídolos (Hechos 17:16). No somos sinceros cuando oramos «Venga tu reino» a menos que estemos haciendo todo lo que esté a nuestro alcance para apresurar la venida de este reino; y eso implica nuestras oraciones, nuestro servicio, nuestras ofrendas.

No somos sinceros al orar por la conversión de los pecadores a menos que estemos dispuestos a hablarles, escribirles, o hacer algún esfuerzo concreto para llevarlos bajo la influencia del Evangelio. Se cuenta del gran evangelista D. L. Moody, que poco antes de emprender uno sus grandes viajes misioneros, se hallaba presente en una reunión de oración en que se pedía insistentemente la bendición divina. En la reunión, había varias personas ricas, de nivel económico muy elevado, y una de ellas comenzó a orar para que Dios enviara suficientes fondos para costear los gastos del viaje. Moody al punto le paró. «No tenemos por qué dar trabajo a Dios sobre esto», objetó quedamente, «¡nos bastamos nosotros mismos para contestar esta oración!».

5) La timidez. El orar sólo en privado puede ser también un estorbo. En una familia, los hijos no hablan con el padre únicamente en privado y separadamente. Es de notar con cuánta frecuencia el Señor se refiere a la oración en común u «oración concertada»: «Cuando *oréis* decid: Padre *nuestro*»; «Si *dos de vosotros* se ponen de acuerdo en la tierra acerca de cualquier cosa que pidan, les será hecho por mi Padre que está en los cielos. Porque donde están *dos o tres congregados* en mi nombre, allí estoy en medio de ellos» (Mateo 18:19,20).

Estoy convencido que la debilidad en la vida espiritual de muchas iglesias guarda una relación directa con la debilidad e ineficacia de sus reuniones de oración, o lo que es peor, con la ausencia de reuniones de oración. La reunión de oración no puede ser sustituida por ninguna otra forma de reunión o ritual. Y en ella pueden y deben tomar parte todos los creyentes. ¿Tan difícil es hacer de nuestras reuniones semanales de oración algo vibrante, una fuerza viva que transforme a todos los que toman parte en ellas?

6) La alabanza. La alabanza es tan importante como la oración. Debemos «entrar por sus puertas con acción de gracias, por sus atrios con alabanza, alabarle, bendecir su nombre» (Salmo 100:4). En cierta ocasión en su vida, «Hyde, el hombre que ora» sintió el llamamiento a orar diariamente para que cuatro almas en concreto fueran llevadas al redil por medio de su ministerio. Si algún día no alcanzaba esa cifra, para él, era causa de tal dolor que ni aun podía comer o dormir. Y oraba incesantemente, pidiéndole a Dios que le mostrara cuál era el obstáculo que había en él. Y cada vez, de modo invariable, encontraba que el obstáculo era la falta de alabanza en su vida. Confesaba su pe-

caminosidad y oraba por espíritu de alabanza. Reconoció que cuanto más alababa a Dios, más le entraba el deseo de buscar almas. Este ejemplo no significa que debemos limitar a Dios a números concretos o maneras específicas de obrar; pero, sí que hemos de exclamar «¡Gocémonos! Alabemos a Dios con el corazón, la mente y el alma».

No es casualidad que en la Biblia se nos repita con tanta frecuencia la frase: «Gozaos en el Señor». Dios no nos quiere tristes y desgraciados; y ninguno de sus hijos tiene razón para sentirse así. San Pablo, el más perseguido de los hombres, era un hombre de cánticos. Estando encarcelado, en una lúgubre prisión, de sus labios salían himnos de alabanza, y podemos suponer que estando libre, fuera de la prisión todavía más: día y noche alababa a Su Salvador. El propio orden que utiliza en sus exhortaciones es, de por sí, significativo: «Estad siempre gozosos. Orad sin cesar. Dad gracias en todo, porque ésta es la voluntad de Dios para con vosotros en Cristo Jesús» (1ª Tesalonicenses 5:16-18). Primero, estad siempre gozosos; luego, orad. ¡Esa es voluntad de Dios!

Querido lector, recuerde bien esta idea; pues el orden no es alterable, no es algo sobre lo que podamos escoger.

GOZOSOS: ORANDO: DANDO GRACIAS

Éste es el orden, según la voluntad de Dios, para cada uno de nosotros. Nada agrada tanto a Dios como nuestra alabanza, y nada bendice tanto a la persona que ora, como la alabanza que pronuncia. «Pon asimismo tu delicia en Jehová, y Él te concederá las peticiones de tu corazón.» (Salmo 37:4)

Se cuenta de un misionero que habiendo recibido malas noticias desde su país estaba abatido y deprimido. La oración no le servía para aliviar la oscuridad de su alma. De modo que fue a visitar a otro misionero para que le diera aliento. Al llegar a la casa, en la pared de su habitación, vio un cuadrito con esas palabras: «¡Prueba de dar gracias!». Así lo hizo, y en un momento la sombra de tristeza se desvaneció de su corazón para no volver más.

¿Damos a Dios la suficiente alabanza como para que nuestras oraciones sean contestadas? Si verdaderamente confiamos en Él, le alabaremos constantemente. Porque

> *Dios no hace, ni permite que ocurra,*
> *sino aquello que tú mismo escogerías*
> *si pudieras*
> *ver de las cosas las postrimerías,*
> *como Dios ve el mañana*
> *antes de que el hoy transcurra.*

Alguien que tuvo la oportunidad de escuchar a Lutero cuando estaba orando, exclamó: «¡Santo Cielo! ¡Qué espíritu de adoración y qué fe había en sus expresiones Hacía sus peticiones a Dios con tanta reverencia como si estuviera físicamente ante su Divina presencia, y lo hacía con una confianza y seguridad de tal naturaleza como si se dirigiera a su padre o a un amigo íntimo». Para ese gran hombre de Dios, parece que no existían «obstáculos a la oración».

Después de lo expuesto, cabe concluir que todo ello puede resumirse fácilmente en un solo punto: todos los obstáculos a la oración proceden, o bien de la ignorancia de las enseñanzas de Dios en Palabra respecto a la vida de santidad que Él ha planeado para todos sus hijos, o bien, de la resistencia a consagrarnos completamente a Él.

Cuando estamos en posición de decir con absoluta sinceridad a nuestro Padre: «Todo lo que soy y tengo es tuyo», entonces, y sólo entonces, Él puede decirnos: «Todo lo que es mío es tuyo».

12

¿QUIÉNES PUEDEN ORAR?

Hace tan sólo un par de siglos[1] que seis estudiantes de Oxford fueron expulsados de la Universidad por el mero hecho de que se juntaban en la habitación de uno de ellos para orar. George Whitefield, escribió al vicecanciller de la universidad siguiente nota: «Sería de desear que, así como algunos estudiantes han sido expulsados por dedicarse a orar en lugar y hora no prescrita, hubiera algunos que, en el otro extremo, fueran expulsados por blasfemar y usar profanidades en su lenguaje a horas no prescritas». Hoy, gracias a Dios, nadie en nuestro país es molestado o recriminado por dedicarse a la oración. Todo el mundo tiene derecho a orar. Pero, profundicemos un poco en la pregunta, ¿realmente todo el mundo tiene el derecho a orar? o, dicho de otro modo: ¿Escucha el Señor las oraciones de cualquiera?

¿Quién puede orar? ¿Es la oración el privilegio -o derecho- de sólo unos pocos? No todo el mundo puede reclamar el derecho de poder acercarse a la reina de Inglaterra. Pero hay ciertas personas que, por su título o por pertenecer a alguna corporación, tienen el derecho de acceso inmediato a nuestra soberana. El Primer Ministro tiene este privilegio. La antigua Corporación de la Ciudad de Londres, puede en cualquier momento presentar su petición a la reina. Los embajadores de un país extranjero, pueden solicitar audiencia en cualquier momento. Basta con que se presenten a la puerta de Palacio, y nadie puede interponerse entre ellos y el monarca. Sin embargo, ninguna de estas personas tiene un acceso tan fácil y directo a la reina como sus propios hijos.

Pero, aquí nos referimos al Rey de reyes y Señor de señores, Dios y Padre de todos. ¿Quién puede presentarse ante Él? ¿Quién puede ejercer este privilegio -sí, este poder- de estar con Dios? Se dice, -y hay mucha verdad en ello-, que dentro del hombre -o generación más escéptico, hay siempre una oración escondida, aguardando. ¿Tiene de-

---

[1] El hecho citado tuvo lugar, concretamente, alrededor del 12 de Marzo de 1768 y los estudiantes fueron expulsados de Edmund Hall.

recho de hacer acto de presencia en cualquier momento? En algunas religiones, tiene que aguardar. De los millones que viven en la India bajo la servidumbre del hinduismo, sólo los brahmanes pueden orar. Cualquier persona de cualquier otra casta, sea un rico comerciante o un gran personaje, tiene que recurrir a un brahman -a veces un simple muchacho en edad escolar-, para que diga por él las oraciones.

El musulmán no puede orar a menos que haya aprendido algunas frases en árabe, porque su «dios» solamente escucha las oraciones presentadas en este idioma, que ellos creen ser sagrado.

Demos loor a Dios de que el cristianismo no tiene estas restricciones de casta o de lenguaje para comunicarnos con nuestro Dios. ¿Puede, por tanto, orar todo el mundo?

Sí, responderán algunos. Pero la Biblia nos dice otra cosa. Solamente un hijo de Dios puede orar verdaderamente a Dios. Sólo un hijo de Dios puede entrar en su presencia. Es cierto, gloriosamente cierto, que todo el mundo puede clamar a Dios pidiendo ayuda, perdón y misericordia. Pero, a esto apenas se puede llamar oración. La oración es mucho más que esto. La oración es entrar en el «lugar secreto del Altísimo» (Salmo 91:1). La oración es mostrar a Dios nuestros deseos y necesidades, alargando la mano de la fe para recibir lo solicitado. La oración es el resultado de la acción del Espíritu Santo del que hemos sido revestidos. Es comunión con Dios. Y en este sentido, no es difícil entender que resulta natural que no pueda haber mucha comunión entre un rey y un ciudadano en rebeldía. ¿Qué comunión hay entre la luz y las tinieblas? (2ª Corintios 6:14). En realidad, y partiendo de este principio, ninguno de nosotros tenemos el derecho a orar. Nuestro acceso a Dios es sólo por medio de nuestro Señor Jesucristo (Efesios 3:18;2:12).

La oración es mucho más que un grito de socorro; el grito de socorro de un hombre ahogándose arrastrado por el remolino del pecado: «¡Señor, sálvame! ¡Estoy perdido! ¡Redímeme! ¡Sálvame!» Esto lo puede hacer cualquiera, y ésta es una petición que, si es sincera, nunca deja de ser contestada de inmediato. Porque un hombre, aunque alejado, no tiene porqué permanecer desterrado si quiere regresar a su país. Pero, esto no es propiamente oración en el sentido bíblico.

Sabemos lo que dijo el Señor: «Todo aquel que pide recibe» (Mateo 7:8). Dijo esto, ¿de quién? Estaba hablando a sus discípulos (Mateo 5:1,2). Sí, la oración es comunión con Dios; es la «vida de familia» del alma, como alguien la ha llamado. Por tanto, tengo muchas dudas de que nadie puede tener verdadera comunión con Él, a menos que el Santo Espíritu viva en su corazón, y haya «recibido» al Hijo, teniendo por tanto el derecho a ser llamado «hijo de Dios» (Juan 1:12).

La oración es el privilegio de un hijo. Solamente los hijos de Dios pueden reclamar del Padre celestial las cosas que Él tiene preparadas para aquellos que le aman. El Señor nos dijo que al orar debíamos llamar a Dios «nuestro Padre». Es indudable que sólo los hijos pueden usar esta palabra. San Pablo dice que «Por cuanto sois hijos, Dios envió a vuestros corazones el Espíritu de su Hijo, el cual clama: ¡Abba, Padre!» (Gálatas 4:6). Y está claro que ése era el sentir de Dios al tratar con los amigos «consoladores» de Job. Les dijo «Mi siervo Job orará por vosotros; porque de cierto a él atenderé» (Job 42:8). De lo cual fácilmente cabe interpretar que ellos no eran considerados «aceptos» en materia de oración.

Pero, tan pronto como uno pasa a ser «hijo de Dios» debe entrar en la escuela de la oración. «He aquí, él ora», dijo Jesús de un hombre tan pronto como fue convertido. Y este hombre había «dicho» sus oraciones toda su vida (Hechos 9:11). Los creyentes no sólo pueden orar, sino que deben orar -cada uno por sí mismo- y, naturalmente, por los demás. Pero hasta que puedan llamar a Dios propiamente «Padre», y lo hagan, no tienen derecho a reclamar que se les trate como hijos -como «herederos de Dios y coherederos con Cristo»- pues no tienen derecho alguno. ¿Consideráis que esto es muy duro? No lo es. ¿A caso no tiene un «hijo» ciertos privilegios que los demás no tienen?

Pero, no quiero que nadie me entienda mal. Esto no significa que la puerta del cielo esté cerrada para nadie. Todo el mundo puede exclamar: «¡Dios, sé misericordioso a mi pecador!», sin excepciones. Cualquier persona que está fuera del redil de Cristo, fuera de la familia de Dios, por malo que sea, o por bueno que crea que es, puede en este mismo momento, pasar a ser hijo de Dios, incluso mientras está leyendo estas palabras. Una mirada de fe a Cristo es suficiente: «Mirad y vivid». Dios ni tan siquiera dijo «ved»: sólo dijo, ¡mirad! Volved vuestro rostro al Señor.

¿Cómo pasaron los Gálatas cristianos a ser «hijos de Dios»? Por la fe en Cristo. «Pues todos sois hijos de Dios por la fe en Cristo Jesús» (Gálatas 3:26). Cristo hace a toda persona hijo de Dios por adopción y por gracia en el momento en que esa persona se vuelva a Él con verdadero arrepentimiento y fe. Pero a menos que ya seamos sus hijos, no tenemos ningún derecho con relación a la divina Providencia. No podemos decir con plena confianza y seguridad «Nada me faltará», a menos que podamos decir, con la misma confianza y seguridad: «Jehová es mi Pastor».

Un hijo, tiene el derecho al cuidado de su padre, a su amor, protección y provisión. Pero un hijo sólo puede entrar en la familia por el hecho de nacer en ella. Así, pasamos a ser hechos hijos de Dios al «nacer de nuevo», «nacer de arriba» (Juan 3:3-5). Esto es, creyendo en el Señor Jesucristo (Juan 3:16).

Después de haber dicho todo esto, a modo de advertencia; o quizá como una explicación del por qué algunos encuentran que para ellos la oración es un completo fracaso, quiero apresurarme a añadir que Dios oye con frecuencia y aún responde las oraciones de muchos que no tienen derechos legales a orar, que no son sus «hijos», e incluso que niegan que Él existe. Los evangelios nos hablan de no pocos incrédulos que acudieron a Jesús para que los sanara; y Él nunca envió a ninguno de vuelta con las manos vacías, sin la bendición deseada, nunca. Llegaron a Él como «mendigos», no como «hijos». Y siempre, aún si los «hijos deben ser alimentados primero», estos otros recibieron las «migajas», es decir, más que migajas, puesto que fueron librados de su problema.

De igual modo, hoy en día, Dios escucha con frecuencia el clamor de personas no creyentes y las hace objeto de misericordias temporales. Y en este sentido puedo aportar, a modo de ejemplo, un caso bien conocido por mí. Un amigo mío me dijo que había sido ateo durante muchos años. Aunque no creía en nada, había estado cantando en el coro de una iglesia porque le gustaba la música. Su anciano padre enfermó gravemente hace dos o tres años, y sufría mucho. Los médicos eran incapaces de aliviar su dolor. En la angustia por su padre, esta persona, incrédula, cayó de rodillas y exclamó: «¡Oh Dios, si existes, muestra tu poder suprimiendo el dolor de mi padre!». Dios oyó esta lastimosa petición y quitó el dolor de inmediato. El «ateo» alabó a Dios, corrió a visitar al pastor y encontró la salvación. Hoy es un cristiano fiel, que dedica todo su tiempo al servicio del Salvador que ha encontrado. No nos quepa duda, Dios es aún mayor que sus propias promesas, y está más ansioso de escuchar que nosotros de orar.

Quizá la más extraordinaria de todas las oraciones salidas de los labios de una persona no creyentes es la que relata Carolina Fry, autora del libro «Cristo nuestro ejemplo». Aunque en posesión de belleza, riqueza, posición y amigos, Carolina se encontró con que ninguna de estas cosas la satisfacía, y finalmente, en su desesperación, empezó a buscar a Dios. Sin embargo, los primeros sentimientos que expresó hacia Él, fueron de abierta rebeldía y de rechazo. Leamos su oración, que no tiene nada que ver con la de un «hijo»:

«Oh, Dios, si eres Dios, debes saber que: no te quiero; no te amo; no creo que haya felicidad en ti; pero, tal como soy, me siento desgraciada. Dame, pues, lo que

no busco; dame lo que no quiero. Si puedes, hazme feliz. Tal como soy, soy una desgraciada. Estoy harta de este mundo; si hay, pues, otra cosa mejor, dámela».

¡Qué oración! Sin embargo Dios la contestó. Dios perdonó a la oveja descarriada, y la hizo feliz en un servicio fructífero y radiante.

> *Aun el hombre de mente más hostil*
> *siente anhelos, difusos, inquietantes,*
> *Por algo que no puede comprender.*
> *Un bien que busca desasosegado.*
> *Se arrastra a gatas en la oscuridad,*
> *y con mano incierta va palpando a tientas*
> *hasta que un día acierta, en sus devaneos,*
> *a toparse con la diestra del Eterno:*
> *entonces Dios de un tirón, lo pone de pie.*
> *¡Es el comienzo de una nueva vida de fe!*

Deberíamos, por tanto, alterar un poco la pregunta inicial y en lugar de «¿Quiénes pueden orar?» deberíamos preguntarnos más bien: «¿Quiénes tienen derecho a orar?». Sólo los hijos de Dios, en los cuales reside el Espíritu Santo. Pero, incluso así, hemos de recordar que nadie, puede acercarse a su Padre Celestial, con absoluta confianza y sin un sentimiento de vergüenza, a menos que viva como un hijo de Dios debe vivir. No podemos esperar que un padre llene de favores a sus hijos descarriados voluntariamente. Sólo un hijo fiel y santificado puede orar en el Espíritu y orar con conocimiento (1ª Corintios 14:15).

Pero, si somos hijos de Dios, nada puede interponerse a nuestras oraciones, excepto el pecado. Como hijos de Dios, tenemos acceso directo al Padre, en todo tiempo y en todo lugar. Él entiende cualquier forma de oración. Puede que, como San Pablo, tengamos el don de la palabra y al orar salga de nuestros labios un torrente de acción de gracias, peticiones y alabanza; o, puede también, que como la de San Juan, nuestra comunión sea tierna, quieta, profunda, sosegada. Tanto el más brillante erudito, como John Wesley; o el más humilde zapatero remendón, como William Carey, son bienvenidos al trono de la gracia. La influencia en la corte del cielo depende no del linaje, de la inteligencia, de las hazañas realizadas, ni de nada de eso, sino única y exclusivamente de la humilde y total dependencia en el Hijo del Rey.

Moody atribuyó sus extraordinarios éxitos en el ministerio cristiano a las oraciones de una inválida. Y no me cabe duda de que si se juntaran para orar todos los inválidos cristianos de Inglaterra, podrían hoy dar origen a un avivamiento mucho mayor, en Inglaterra y en el mundo entero. ¡Ojalá que oraran todos, fuerte y alto!

Nos equivocamos al afirmar que algunas personas tienen un «don» especial para la oración. Un estudiante de Cambridge, un joven muy inteligente, me preguntó en cierta ocasión si estaba de acuerdo en que la vida de oración era un don especial, algo que sólo unos pocos poseen. Su teoría se basaba en el hecho que, del mismo modo que algunos nacen con un don especial para la música, no puede esperarse que todo el mundo sea bueno en la oración, sino que se trata de un privilegio reservado a unos pocos. Mi punto de vista es que George Muller fue excepcional en la oración, no porque poseyera ningún don especial para la oración, sino simple y llanamente porque oraba. Aquellos que «no tienen don de palabra», pueden trabajar en secreto, por medio de la intercesión, colaborando con aquellos que pueden presentar fácilmente la Palabra porque «tienen don de palabra» como Dios dijo que Aarón podía hacer. Así lo hizo la inválida con D. L. Moody.

Si queremos tener poder en Dios por medio de la oración, hemos de tener una gran dosis de fe, aunque Dios en su misericordia, va muchas veces más allá de nuestra fe.

Henry Martyn[2] era un hombre de oración, y sin embargo, su fe no era equiparable a sus oraciones. En cierta ocasión declaró que «estaba convencido de que antes vería a un muerto resucitado que a un brahman convertido a Cristo». El apóstol Santiago diría de él: «No piense pues, ese hombre, que recibirá cosa alguna del Señor» (Santiago 1:7). Pues bien, así fue, Henry Martyn murió sin ver a ningún brahman que aceptara a Cristo como su Salvador. Y sin embargo, Martyn tenía la costumbre, cada día, sin falta, de retirarse a una pagoda vacía para orar. Pues bien, hoy, en esa misma pagoda, se juntan para orar brahmanes y musulmanes convertidos a Cristo, procedentes de todas partes de la India, Birmania y Ceilán. Probablemente, otras personas, con una dosis de fe mayor que la de Henry Martín, oraron por ellos.

¿Quiénes pueden orar? Nosotros, sin duda, podemos, pero, ¿lo hacemos? ¿Nos mira el Señor con la misma ternura y afecto, como cuando pronunció por primera vez las palabras: «Hasta ahora, nada habéis pedido en mi nombre; pedid, y recibiréis para que vuestro gozo sea completo»? (Juan 16:24). Si el Maestro dependía de la oración para obtener el poder que necesitaba en su obra, ¡cuánto más lo necesitamos

---

[2] Henry Martín (1771-1812) insigne misionero inglés en poblaciones hindúes y musulmanas de India y Persia, abandonó su carrera como abogado conmovido por los relatos misioneros de William Carey. Realizó excelentes trabajos de traducción bíblica, al hindú, al urdu y al persa.

nosotros! A veces oraba con «gran clamor y lágrimas» (Hebreos 5:7). ¿Lo hacemos nosotros también? Bien podríamos exclamar: «Vida nos darás, e invocaremos tu nombre» (Salmo 80:18).

La exhortación de San Pablo a Timoteo es aplicable a todos: «Aviva el fuego del don de Dios que está en ti» (2ª Timoteo 1:6). Porque el Espíritu Santo es el gran ayudador en la oración. Nosotros somos incapaces de configurar y traducir nuestras necesidades reales en forma de oración, pero el Espíritu Santo lo hace por nosotros. Nosotros somos incapaces de pedir como deberíamos, pero el Espíritu Santo lo hace por nosotros. Es posible incluso que a veces, nuestros impulsos humanos nos lleven a pedir cosas que nos serían perjudiciales, el Espíritu Santo nos detiene. Nuestra mano, temblorosa y vacilante, no debe atreverse a poner en marcha en solitario fuerzas potentes y arrolladoras; el Espíritu Santo debe dirigirla, afirmarla y controlarla en todo momento.

Sí, no hay duda alguna, para orar necesitamos ayuda divina... y la tenemos. ¡Cómo se deleita la Trinidad en la oración! Dios el Padre escucha; Dios Espíritu Santo dicta; y el eterno Hijo de Dios presenta la petición; él mismo intercede por nosotros, y la respuesta desciende de inmediato hacia nosotros.

La oración es nuestro mayor privilegio, nuestra más grave responsabilidad, el poder más grande que Dios ha puesto en nuestras manos. La oración, la verdadera oración es el acto más noble, más extraordinario, más sublime que puede ejecutar la criatura creada por Dios.

Como tan acertadamente dijo Coleridge, la oración es la mayor fuente de energía que puede poner en marcha la naturaleza humana. Orar, con todo su corazón y con todas sus fuerzas, es la mayor hazaña que puede realizar el cristiano en su peregrinaje sobre la tierra.

«¡SEÑOR, ENSÉÑANOS A ORAR!»

Printed in the USA
CPSIA information can be obtained
at www.ICGtesting.com
LVHW020709050824
787165LV00009B/69